부하가 처음 생긴 당신이 꼭 가야 할 1년차 팀장 아카데미
팀원 성장&팀 성과를 다 잡는 리드 매니지먼트 기술 빅5

부하가 처음 생긴 당신이 꼭 가야 할 1년차 팀장 아카데미
팀원 성장&팀 성과를 다 잡는 리드 매니지먼트 기술 빅5

초판 1쇄 2025년 3월 14일

지은이 하시모토 다쿠야
옮긴이 안동현
발행인 최홍석

발행처 ㈜프리렉
출판신고 2000년 3월 7일 제 13-634호
주소 경기도 부천시 길주로 77번길 19 세진프라자 201호
전화 032-326-7282(代) 팩스 032-326-5866
URL www.freelec.co.kr

편 집 서선영, 박영주
표지디자인 황인옥
본문디자인 김미선

ISBN 978-89-6540-406-4

이 책은 저작권법에 따라 보호받는 저작물이므로 무단 전재와 무단 복제를
금지하며, 이 책 내용의 전부 또는 일부를 이용하려면 반드시 저작권자와
㈜프리렉의 서면 동의를 받아야 합니다.
책값은 표지 뒷면에 있습니다.
잘못된 책은 구입하신 곳에서 바꾸어 드립니다.

이 책에 대한 의견이나 오탈자, 잘못된 내용의 수정 정보 등은 프리렉 홈페이지(freelec.co.kr)
또는 이메일(webmaster@freelec.co.kr)로 연락 바랍니다.

팀원 성장 & 팀 성과를 다 잡는 리드 매니지먼트 기술 빅5

부하가 처음 생긴 당신이 꼭 가야 할
1년차 팀장 아카데미

하시모토 다쿠야 지음 | 안동현 옮김

→ 기업 연수 실적 2만 명! 일본 최고 컨설턴트 ←

프리렉

여러분은
매니지먼트를 무면허 운전하고
있지 않나요?

팀, 조직, 기업을
흔히 버스에 비유하곤 합니다.
노선이나 목적지가 있고
사람이 타기도 하며
내리기도 합니다.

그리고 팀장과 팀원의 관계는
버스 운전사와 승객의 관계와 닮았습니다.
팀과 조직을 '버스'라고 한다면
팀장은 '운전사',
팀원은 '승객'입니다.

그런데 한 가지 문제가 있습니다.

바로 운전사인 팀장이

무면허 운전인 겁니다.

보통 운전면허는 있으나

버스를 운전하는 데 필요한 대형 운전면허가 없습니다.

팀장이 되는 사람 대부분은

'뛰어난 팀원'이었던 사람입니다.

그러나 뛰어난 선수가

뛰어난 감독인지는 별개의 이야기입니다.

팀원에게 필요한 면허증과
팀장에게 필요한 면허증은 다릅니다.
매니지먼트는 기술이 90%입니다.
기술이므로 학원만 다니면
누구든지, 언제든지 배울 수 있습니다.
이때 배워야 하는 필수 과목이
'리드 매니지먼트'입니다.

리드 매니지먼트 기술은 5가지입니다.

1. 리더십 기술
2. 개인 성장 지원 기술
3. 수질(환경) 관리 기술
4. 위임 기술
5. 체계화 기술

5가지 기술을 익히기만 하면
여러분의 팀에서 일하는 팀원은 하루하루 성장하며
목표를 달성할 것입니다.
그리고 조직 퍼포먼스를 최대화할 수 있으며
더불어 호실적과 좋은 인간관계를 양립할 수 있습니다.

이 책을 읽으면
'뛰어난 팀장이 되기 위해 필요한 면허증'을
딸 수 있습니다.
꼭 면허증을 손에 쥔 채 이 책을 덮기 바랍니다.

시작하며 · 11

매니지먼트로 조직 퍼포먼스 최대화하기 — 21

뛰어난 선수가 뛰어난 감독이 되지 못하는 이유는? — 22
팀원을 괴롭히는 팀장의 '나만큼만 해!'라는 생각 — 24
팀원의 불신감만 키우는 무능력한 팀장 — 26
팀장 머릿속에만 있는 '당위론'은 이제 안녕 — 29
당장 멈추어야 할 '매니지먼트 무면허 운전' — 32
선택 이론 심리학에 기반을 둔 새로운 매니지먼트 기법 — 37
학습은 사람의 행동 메커니즘을 되돌아보는 것에서 시작 — 40
리드 매니지먼트 실천에 필요한 5가지 기술 — 44
칼럼 팀장이 빠지기 쉬운 3가지 함정 — 47

가장 먼저 익혀야 할 리더십 기술 — 51

매니지먼트와 리더십은 한 묶음 — 52
팀원의 좋은 세계 알기, 속하기, 확장하기 — 53
팀장이 팀원에게서 얻어야 하는 존경과 신뢰 — 56
신뢰를 얻는 데 필요한 '7+2가지 좋은 습관'과 '7가지 나쁜 습관' — 58
일치하는 '속말'과 '겉말'로 명확한 메시지 전달 — 62
좋은 세계를 아는 데 필요한 5가지 기본 욕구 이해하고 분석하기 — 67
팀원 각각의 좋은 세계에 다가가 그 일부 되기 — 73
팀장 자신의 좋은 세계에 팀원 포함하기 — 76
칼럼 다음 팀장을 기르는 것도 팀장의 일 — 82

2코스 매니지먼트의 두 바퀴를 책임지는 개인 성장 지원 기술　　85

- 자립한 팀원을 기르려면 팀장이 해야 할 일　　86
- 달성형 조직을 만드는 데 필요한 '왼손과 오른손'　　87
- 세 명의 석공 이야기로 바라본 목적과 목표　　90
- 목적을 명확히 하고자 팀장이 해야 할 일　　93
- 팀 단위 덧셈이 아니라, 팀원 성장에서 역산하기　　101
- 머릿속에 그렸던 성장 모습을 '기대' 형태로 전달하기　　104
- 팀원 자신을 바꿀 수 있는 건 자기 평가뿐　　107
- 피드백은 '바라는 성장에 관한 현재 정보를 제공'하는 것　　111
- 부정 피드백이 성공하는 3가지 시점　　112
- 칼럼 고마운 마음에서 비롯하는 목적　　118

3코스 조직 퍼포먼스를 향상시키기 위한 수질(환경) 관리 기술　　121

- 5인 이상을 하나로 묶는 관리 범위　　122
- 수질 관리 차원에서 '인재가 자라는 문화'를 조성하는 것이 궁극적 관리　　125
- 사람이 자라지 않는 문화를 인재가 자라는 문화로 바꾸는 2가지 방법　　127
- 가장 영향력이 큰 지도자의 발언이나 태도가 수질을 결정　　133
- 수질을 한꺼번에 바꾸지는 않는다: 절반씩 연착륙　　137
- "왜 변해야 하나요?"란 목소리에는 기업 이념으로 돌아가기　　139
- 칼럼 지도자가 바뀌면 조직의 수질도 180도 바뀐다　　143

4코스 팀장이 자신의 일을 실행하기 위한 위임 기술 — 147
- '정말 해야 하는 일'에 집중하기 위한 시간 관리 — 148
- 파레토 법칙과 우선순위 관리 — 151
- L자형 행동 팀장과 Z자형 행동 팀장 — 153
- 제2사분면의 일을 분류하기 위한 5가지 시점 — 158
- 팀장에게 가장 중요한 제2사분면은 '생각하는 일' — 162
- 능숙히 팀원에게 위임하기 위한 5가지 포인트 — 164
- 위임하는 일의 양과 성공을 판단하는 기준: 어치브먼트 존 — 170
- 칼럼 위임하는 것이 무섭다면 '3년 후의 나'를 상상하자 — 176

5코스 호실적과 좋은 인간관계를 양립시키는 체계화 기술 — 179
- '체계화'로 영속적인 조직 퍼포먼스의 최대화를 실현하다 — 180
- 팀원이 목적·목표를 명확히 하고 계속 성장하게 하는 방법 — 184
- 한 사람 한 사람이 목적·목표로 되돌아가기 위한 위한 '조례'부터 시작하자 — 197
- 칼럼 완벽한 팀장도 없고, 완벽한 팀원도 없다 — 203

마치며 · 205
참고문헌 · 209
저자 소개 · 210
찾아보기 · 211

시작하며

어느 순간 팀장이 두는 장기의 '말'이 되어 버린 팀원

'인재가 길러지지 않아.' '인력 관리가 어려워.' '사람 다루는 게 이렇게 어려운 줄 몰랐어.'

10년 전 필자가 품었던 솔직한 생각입니다. 당시는 필자에게 매니지먼트가 가장 어려웠던 시기였습니다. 그러던 중 당시 상사 한 분이 면담에서 다음과 같은 말을 했습니다.

"하시모토 씨 팀을 보면 팀원이 마치 팀장이 두는 장기의 '말'처럼 보여요."

필자가 본격적으로 매니지먼트를 시작한 것은 입사 7년째를 맞은 28세부터였습니다.

그때부터 5년간은 그야말로 '매니지먼트 암흑기'였습니다. 팀원과의 관계에 벽이 생기거나 팀원의 컨디션이 나빠지거나, 팀원이 성과를 내지 못해 부서를 옮기거나 결국은 한 사람씩 떠나곤 했습니다. 실제로 "전 팀장님이 두는 장기말이 아니에요."라는 팀원의 불만을 듣기도 했습니다.

그러다 보니 언제부터인가 얼굴을 마주하기도 무서워 팀원에게 해야 할 말도 제대로 못 하는 지경에 이르렀습니다.

그 결과 일체감을 느끼지 못하고 목표도 달성하지 못하는 등, 그 누구도 행복하지 못한 팀을 만들고 말았습니다.

무엇보다 필자 스스로가 늘 고독했으므로, 바쁘기만 할 뿐 행복을 느낄 겨를이 없었습니다.

그러던 중, 상사 덕분에 **리드 매니지먼트**(lead management)를 접하게 됩니다.

"지금 팀은 팀장이 주역이고 팀원은 조연에 지나지 않아. 조연은 한계를 스스로 넘으려 하지 않으니 마지막까지 책임을 다하려 하지도 않네. 팀장이 하는 말에 따라 움직이기는 할 테지만, 이래서는 그들의 성장으로 이어지지는 않기 때문이지."

필자는 "그러면 어떻게 해야 할까요?"라고 물었습니다.

이 질문에 상사는 다음과 같이 대답했습니다.

"머리로만 추구하던 것을 바꿔야 해. 지금 하시모토 씨의 머릿속은 '목표 달성'으로만 가득하지? 그걸 '육성'으로 바꿔 봐. '팀원 육성을 통한 목표 달성'을 추구하는 거야."

망치로 머리를 맞은 듯한 충격이었습니다.

당시 필자는 갓 팀장이 된 시기로 무엇을 해서든 목표를 달성하여 팀장의 책임을 다하고자 필사적이었습니다. 팀의 목표는 달성했을지언정 팀은 성장하지 못해 오랫동안 고민하던 때이다 보니, 상사의 한마디에 "맞아!" 하고 무릎을 쳤던 겁니다.

이 책을 읽는 많은 팀장(현장 팀장, 중간관리직) 중에는 당시 필자와 마찬가지 고민을 하는 분이 많으리라 생각합니다.

실제로 필자는 자기 책임에만 몰두한 나머지 팀원을 '목표 달성을 위한 말'로만 바라보고 마치 장기나 체스처럼 '내 손에 쥔 말을 어떻게 움직여야 이길까?'라는 생각밖에 없었으니까요.

팀장이 된 이상 팀 목표와 진지하게 마주하고 이를 달성하고자 노력하는 것은 당연합니다. 팀원의 협력을 얻어 능률을 최대화하는 것이 팀장의 책임이기도 합니다.

그러나 당시 필자가 겪었던 상황을 반복한다면 목표는 달성하더라도 팀원은 건강을 망치거나 다른 곳으로 옮기거나 퇴직하는 등 '그 누구도 행복하지 않은 조직'이 되어버릴 겁니다.

한 사람이라도 이런 팀장이 없었으면 하는 마음에서 이 책을 쓰기로 했습니다.

매니지먼트는 누구나 배울 수 있는 기술

인사가 늦었네요. 반갑습니다.

일본 어치브먼트 주식회사에서 영업본부장으로 일하는 하시모토 다쿠야(橋本拓也)입니다.

책을 시작하기 전에 잠깐 자기소개를 하겠습니다.

필자는 대학을 졸업하고 첫 직장으로 어치브먼트 주식회사(이하 어치브먼트)에 입사했습니다. 때는 어치브먼트가 대졸 신입 채용을 시작하던 시기로, 필자는 대졸자 공채 2기생이었습니다.

입사 후에는 대학생 커리어 지원 사업 책임자로 발탁되어 새로운 분야인 가정교사 파견 사업을 시작하는 등, 선택 이론 심리학에 기반한 어린이 교육 사업을 펼쳤습니다.

그 후 경영자나 비즈니스 종사자 등의 목적과 목표 달성을 지원하는 퍼스널 컨설턴트로 활동했으며 동일본 지역 담당 팀장, 동일본 지역 집행임원을 거쳐, 2022년에 지금의 영업본부장으로 취임했습니다.

2024년 현재는 130명 이상의 팀원을 관리하면서 동시에 어치브먼트 연수 기관의 대표 강사도 겸하고 있습니다. 제가 진행한 강의와 연수에는 경영자와 관리직, 그리고 영업 담당자를 포함해 지금까지 2만 명이 넘는 수강생이 참여했습니다.

이렇게 책을 쓴다고 하니 대단한 경력이 있는 듯하지만 그렇지도 않습니다.

앞서 이야기했듯, 필자에게는 매니지먼트 암흑기가 있었습니다.

'본격적으로 매니지먼트를 시작한 것은 입사 7년째'라고 했지만, 후임 지도라는 형태로 팀원 육성을 시작한 것은 입사 3년째부터였습니다.

돌이켜보면 꽤 오랫동안 매니지먼트로 고생했다고 할 수 있겠네요.

이런 경험 속에서 '어떻게 문제를 해결할까?', '어떻게 팀원을 대해야 할까?', '어떻게 팀원의 활동을 조직 퍼포먼스로 이어지도록 할까?' 등을 늘 모색해 왔습니다.

그리고 지금부터 이 책에서 설명할 '리드 매니지먼트'를 차근차근 익혀 성과를 낸 결과, 대졸자 공채 출신으로는 처음으로 영업 부문 임원을 맡게 되었습니다. 지금은 회사 내에서 리드 매니지먼트를 담당하는 대표 강사입니다.

리드 매니지먼트를 배우고 몸에 익힌 지금, 확신을 갖고 말할 수 있습니다.

"매니지먼트는 기술입니다. 자질이 아닙니다. 기술이므로 누구든, 언제든 배울 수 있습니다."

"매니지먼트 업무는 조직을 통해 자기 혼자만으로는 할 수 없는 것을 이루는 멋진 일입니다."

"매니지먼트를 통해, 팀원들이 성장하고 자신의 가능성을 발휘하는 모습을 지켜보는 것은 팀장으로서 느낄 수 있는 최고의 기쁨입니다."

매니지먼트는 기술이기 때문에 암흑기를 겪은 필자라도 이를 배우고 직접 경험할 수 있었습니다.

단, 그러려면 우선 독자가 생각하는 '매니지먼트'의 오해부터 없애야 합니다. 더불어 리드 매니지먼트의 실천 단계도 알아야 합니다.

이 책에서는 이러한 사고방식과 실천 방법을 자세하게 설명하므로 먼저 '매니지먼트는 누구든 배울 수 있는 기술이다.', '팀원에서 뛰어난 팀장으로 발전하려면 성장 단계를 밟아야 한다.'라는 2가지 사실을 염두에 둡시다.

뛰어난 팀장을 만드는 리드 매니지먼트

이 책에서 다룰 리드 매니지먼트는 심리학의 '**선택 이론**choice theory'에 기반을 둔 매니지먼트 기법입니다.

선택 이론은 미국 정신과 의사 윌리엄 글래서_William Glasser_ 박사가 주장한 심리학 이론입니다. 등장한 지 40년이 지난 지금은 세계 각국으로 널리 퍼졌으며 심리 상담이나 학교 교육, 조직, 가정 등 관계가 다양하게 얽힌 환경에서 더 나은 인간관계를 만드는 방법으로 높은 평가를 받고 있습니다. 이에 많은 곳에서 이 이론을 활용합니다.

리드 매니지먼트와 필자가 속한 회사, 어치브먼트는 서로 뗄 수 없는 관계입니다. 리드 매니지먼트를 가장 잘 실천하는 조직이 어치브먼트이기 때문입니다.

실제로 어치브먼트는 GPTW 일본 지부_Great Place to Work Institute Japan_가 발표한 2024년 '일할 보람이 있는 기업' 순위(종업원 100~999명 부문)에서 베스트 컴퍼니 2위를 차지했습니다. 이로써 2016년부터 9년 연속으로 선정된 것입니다.

어치브먼트는 사원 한 사람 한 사람이 목적과 목표를 갖고 일하며 높은 생산성을 자랑하는 기업입니다. 그 결과 2023년 9월 결산에서는 매출 55억 엔(한화 약 513억 원), 경상이익 18.4억 엔(한화 약 171억 원), 경상이익률 29%라는 높은 수익을 실현했습니다. 이러한 성과의 기반에는 바로 어치브먼트의 육성 능력이 있습니다. 리드 매니지먼트를 이용한 팀원 육성이나 일할 보람이 있는 직장 만들기가 큰 역할을 했음이 분명합니다.

이 책은 탁상공론을 전하지 않습니다. 실제 효과를 경험한 기업이 직접 그 방법론을 설명하는 실전서라고 생각해 주세요.

리드 매니지먼트는 다음 5가지 기술로 설명할 수 있습니다.

1. **리더십 기술**
2. **개인 성장 지원 기술**
3. **수질(환경) 관리 기술**
4. **위임 기술**
5. **체계화 기술**

이들 5가지 기술을 하나씩 배워나간다면, 이제 막 선수에서 감독으로 취임한 1년 차 팀장이라도 뛰어난 감독으로 성장할 수 있습니다.

채용, 인재 육성, 자리 잡기, 조직 문화 만들기, 영업, 간부 교육 등은 중소기업이라면 대부분 머리를 감싸며 고민하는 내용일 겁니다.

주제넘게도 필자가 이를 한발 먼저 경험하고 해결한 곳이 바로 지금의 회사, 어치브먼트입니다. 이곳에서 경험한 방법론을 이 책에서 빠짐없이 전하고자 합니다.

이 책은 1년 차 팀장 혹은 팀이 활발하게 움직이기를 바라는 중견기업과 중소기업의 실무형 팀장, 중간관리직을 대상으로 썼습니다만 회사를 더 키우고 싶거나 사원이 활기차게 일하는 환경을 만들고 싶은 중소기업 경영자에게도 분명 도움이 될 것입니다.

꼭 이 책을 끝까지 읽었으면 하는 바람입니다. 팀장이 되면 가장 먼저 읽어야 할 한 권으로서 이 책이 여러분의 문제 해결에 조금이나마 도움을 줄 수 있다면 이보다 더 큰 기쁨은 없겠습니다.

"매니지먼트는 기술입니다. 자질이 아닙니다.

기술이므로 누구든, 언제든 배울 수 있습니다."

"매니지먼트 업무는 조직을 통해 자기 혼자만으로는 할 수 없는 것을

이루는 멋진 일입니다."

"매니지먼트를 통해, 팀원들이 성장하고 자신의 가능성을 발휘하는

모습을 지켜보는 것은 팀장으로서 느낄 수 있는 최고의 기쁨입니다."

서장

매니지먼트로
조직 퍼포먼스 최대화하기

뛰어난 선수가 뛰어난 감독이 되지 못하는 이유는?

뛰어난 선수를 감독으로 발탁하는 일을 종종 봅니다.

프로 야구 등에서 보이는 이런 경향은 스포츠뿐만 아니라 비즈니스 업계에서도 흔히 접할 수 있습니다. 경영진은 능력 있는 팀장에게 "당신과 같이 뛰어난 팀원을 많이 길러 하나의 팀으로 결과를 보여주세요."라며 임무를 맡기곤 합니다.

그러나 이것은 '비극의 시작'입니다.

전달한 내용을 팀원이 제대로 실행하지 못하므로 결과를 내지 못하고, 팀장은 '왜 지시를 따르지 않는 거지?', '왜 성과가 이 모양이지?'란 고민의 딜레마에 빠져 버립니다.

팀원 역시 '왜 혼나야 하는지 모르겠어.'라는 생각만 가득해지며, 팀장과 팀원 사이의 인간관계는 삐걱거리고 점점 나빠집니다. 오래지 않아 팀장은 팀원에게 미움받고 팀원의 능률은 오르지 않으며 팀 상태도 최악으로 치닫게 될 겁니다.

원인은 간단합니다. 팀장이 자기 경험만 고집하기 때문입니다.

본래라면 상대의 개성이나 능력, 바라는 바를 정확히 이해하고 팀원을 길러야 하는데, 결과를 끌어낸 팀장 자신만의 방식을 팀원에게 일방적으로 가르치려 드는 데서 시작하기 때문입니다.

달리 말하면 모두가 '자기 자신(팀장)'처럼 되어야 한다고 전제해 버리는 것입니다.

이뿐만 아니라 가르쳐야 할 일 역시 자기가 했던 내용이므로 자신과 똑같은 분신만 만들면 간단히 해결되리라 생각합니다.

왜 이렇게 생각하게 된 걸까요?

<u>뛰어난 팀원이 팀장이 된 만큼, 과거에 매니지먼트를 받은 경험은 적기 때문</u>입니다. 정확히 말하면 뛰어난 팀원 역시 당시 윗사람에게 매니지먼트를 받았지만, 자신은 이를 자각하지 못합니다.

팀원 중 팀장이 될 정도로 뛰어난 사람은 팀원 시절부터 주체적이고 긍정적이며 열심히 공부하는 노력파입니다. 실패에서 배울 용기도 있으므로 눈부신 성장을 이어 나갑니다. 그러다 보니 매니지먼트를 받을 기회도 상대적으로 적습니다.

물론 뛰어난 선수가 결과를 만들어온 자신의 사고방식이나 기술과 노하우, 방법론을 가르치는 자체를 부정하지는 않습니다. 오히려 궁극적으로는 슈퍼 플레이어가 가진 경험이나 방법론을 가르치는 일 역시 매우 중요하니까요.

그러나 모든 일에는 순서가 있다는 사실을 알아야 합니다.

자세한 내용은 다음 장부터 알아보겠지만, 요컨대 팀원에게 '배우고 싶어요.'라는 마음이 있어야 한다는 것이 대전제입니다.

이에 필요한 과정을 생략하고 그저 "내가 시키는 대로만 해"로 일관해서는 팀원을 기를 수 없습니다.

팀원을 괴롭히는 팀장의 '나만큼만 해!'라는 생각

팀장이 팀원과 잘 지내지 못하는 이유는 이외에도 다양하게 있습니다.

먼저 팀장 자신이 '자기'를 기준으로 생각하는 것을 들 수 있습니다.

뛰어난 팀원에서 팀장(또는 실무형 팀장)이 될 만한 사람은 애당초 자신감 가득한 행동의 결과로 좋은 성적을 냅니다.

그러다 보니 더욱 자신감이 생기고 '난 능력 있는 사람이야.'라고 생각합니다.

자신감 자체는 바람직합니다. 그러나 팀장이 된 이상 '난 대단해.'라는 자의식으로 팀원을 대해서는 안 됩니다.

팀장이 스스로를 대단하다고 생각하면 팀원이 성과를 내더라도 '내가 말한 대로 했더니 결과가 나왔네. 즉, 이것은 내 덕분'으로 여기기 쉽습니다.

요컨대 팀원의 성과를 자신의 공으로 돌려 버립니다.

그러나 이는 팀원이 가장 바라지 않는 생각입니다. 열심히 일해 성과를 냈더니 '윗사람이 공을 가로챘다.'라고 느끼기 때문입니다.

혹은 팀원 자신이 만든 성과인데도 '팀장 조언 덕분이지, 나 혼자였다면 불가능했을 거야.'라며 자신감을 갖지 못합니다.

그렇다면 성과를 내지 못했을 때는 어떨까요?

자신을 대단하다고 여기는 팀장은 지시한 대로 움직인 팀원이 성과를 내지 못한다면 '왜 나처럼 하지 못하는 거지?'라고 생각합니다.

그 결과, 팀장은 팀원을 탓하고 팀원은 자신감을 잃거나 팀장을 멀리하고 미워하게 됩니다.

팀장과 팀원은 같은 일을 하더라도 같은 사람은 아니라는 사실을 먼저 깨달아야 합니다.

아무리 올바르게 지도하더라도 이를 어떻게 받아들일지는 팀원 나름으로, 개인마다 다릅니다. 게다가 지시를 받은 후의 행동, 즉 실행하는 방법도 다릅니다.

팀원은 자신의 능력 범위에서만 움직입니다.

당연한 말이지만, 팀장과 팀원은 서로의 수준과 경험이 다릅니다. 이 차이 때문에 나름의 이해 방법과 나름의 선택지로 행동하므로 처음부터 팀장이 기대하는 성과를 100% 달성할 수는 없습니다.

팀장이 '자신'을 기준으로 팀원을 육성하려 하면 처음에는 '팀장, 대단한데?'라고 생각할지 몰라도 결국 팀원의 자신감 상실, 팀원과의 관계 악화 등으로 이어집니다.

팀장은 임원으로부터 "당신(팀장) 같은 부하를 길렀으면 해."라는 지시를 받았을 뿐입니다. 그러나 팀장과 팀원은 걸어온 길이 다르고 지식과 학습 경험, 사고방식과 체력 등에서도 차이가 납니다.

이 모두를 무시한 채 '나만큼만 해!'라는 생각은 통하지 않습니다.

팀원의 불신감만 키우는 무능력한 팀장

팀장이 팀원과 잘 지내지 못하는 두 번째 이유는 팀원의 '믿고 맡기질 못하겠어.'라는 불신감입니다.

대기업 관리직이 아닌 이상 대부분의 중견기업이나 중소기업에서는 팀장 역시 한 사람의 팀원으로 활약하는 실무형 팀장일 때가 흔합니다.

팀을 이끄는 위치이기는 하지만 이전과 마찬가지로 통상 업무에서 성과를 내야 하며, 추가로 성과를 낼 수 있도록 팀원까지 길러내야 합니다.

다만, 앞서 이야기한 대로 팀원이 팀장 수준의 성과를 내리라는 보장은 없습니다. 즉, 팀장보다 업무 퍼포먼스가 낮을 때도 흔할 수밖에 없습니다.

그러다 보니 팀원에게 일 맡기기를 꺼리는 상태가 되는 것입니다.

'다른 사람에게 맡기기보다는 직접 하는 편이 빠르고 성과도 커.', '나 같은 사람이 다섯 명만 있다면…'이라는 생각이 들기도 합니다.

얼핏 보면 틀린 생각은 아닌 듯합니다. 수준도 경험도 다르므로 맡기기보다는 팀장 자신이 업무를 처리하는 편이 더 효율적일 테고, 내가 5명 더 있다면 성과도 5배가 될지도 모르니까요.

그러나 이는 팀이나 조직의 업무 수행 방식이 될 수 없습니다.

어디까지나 **팀장은 실무자인 동시에 관리자여야 하므로 팀원에게도 제대로 일을 맡겨야** 합니다.

그리고 맡긴 후에도 눈을 떼서는 안 됩니다.

팀장은 팀의 업무 성과에 책임을 져야 하므로 팀원에게 일을 맡겼다면 그 결과에도 책임져야 합니다.

그러나 팀장이 참견했을 때, 팀원은 도움을 받았다는 사실보다 '내게 일을 맡기질 못하네.', '믿지 못하나 봐.', '내가 능력이 없어서인가?' 등을 생각하며 오히려 자아존중감이나 자기 평가를 떨어트리곤 합니다.

이는 일을 맡기고 나서 어떻게 하느냐에 따라 '내가 더 나아.', '넌 아직 능력이 부족해.' 등의 인상을 팀원에게 줄 수 있기 때문입니다.

이를 피하기 위해서는 일을 맡긴 후 팀원과 올바르게 상호 작용하는 것이 중요합니다.

필자 역시 같은 경험을 겪었으므로 누구보다도 그 기분을 잘 이해합니다.

예전에 팀원에게 업무를 지시했으나, 며칠이 지나도 팀원이 아무런 성과물을 내지 못했던 적이 있었습니다. 너무 느리다고 생각했던 필자는 어쩔 수 없이 팀원에게 맡겼던 일을 직접 처리하고 그 성과를 위에 보고했습니다.

업무를 맡겼던 팀원에게 나중에 이를 알렸더니 "일을 맡겨놓곤 왜 마음대로 처리하셨나요? 진행 중이었는데…… 업무에 투자한 제 시간은 누가 보상하나요?"라는 소리를 들었습니다.

비슷한 상황에 닥쳤을 때 여러분이라면 어떻게 대답할까요?

"당신이 너무 느려 내가 대신 처리했어. 오히려 고마운 일 아닌가?"

팀원의 마음을 이해하지 못하는 팀장이라면 이렇게 대답할지도 모릅니다.

팀장의 머릿속은 '이 업무가 빨리 성공했으면 좋겠어.'라는 생각으로만 가득하니까요.

따라서 일을 맡긴 팀원의 성장보다는 빠른 성과를 우선하여 행동하는 겁니다.

그 결과 팀원도 성장하지 못할 뿐만 아니라 팀장에 대한 불신감도 커져버리고 맙니다.

팀장 머릿속에만 있는 '당위론'은 이제 안녕

물론 팀장 중에 과거 팀원 시절 경험을 되돌아보며 팀원의 자주성을 존중하여 믿고 일을 맡기려는 사람도 있습니다.

그러나 흥미롭게도 팀장이 된 순간부터 왠지 함께 일했던 동료나 부하의 결점만 눈에 들어오기 시작합니다.

다 같은 팀원으로서 노력할 때는 동료든 부하든 서로 존중했지만, 처지가 달라지니 보는 방식도 변하는 겁니다.

결점만 눈에 띄면 아무리 애를 써도 감정적으로 됩니다.

그리고 상사로서 이를 드러내지 않으려고 겉으로는 웃는 척하거나 상냥하게 말을 건넵니다. 그러나 팀장의 감정적인 조바심은 말하지 않아도 분위기에서 드러나므로 팀원은 이를 쉽게 눈치챕니다.

밝게 웃는 모습 뒤에 '일 처리 속도가 너무 느려.', '이것도 몰라?', '몇 번을 말해야 알겠어?' 등의 불만을 품은 채로 의사소통하면 상대는 이를 쉽게 눈치챕니다.

이렇게 되면 팀원은 팀장을 미워하거나, 자신감을 잃거나, 정면에서 반발하거나, 뒤에서 헐뜯거나, 서운해서 삐치거나, 최악의 경우에는 부서 이동이나 이직을 선택하기도 합니다.

그 결과 임원의 팀장 평가도 떨어지고 조직의 목표도 달성하지 못합니다.

이 모든 문제의 근원은 팀장 머릿속에만 있는 '당위론'입니다.

이 정도 전달하면 '나처럼 성장할 거야.', '나처럼 결과를 낼 거야.', '지시한 대로 행동할 거야.'라는 생각이 이런 상황을 초래합니다.

게다가 이런 '당위론'은 팀장 머릿속에만 있습니다. '당위론'은 팀장 개인의 평가 기준이나 선입견에 따라 생기기 때문입니다.

잠시 눈을 돌려 주변을 한번 살펴볼까요?

예를 들어, 여러분이 속한 팀이 아니라 이웃 팀에서 다음과 같은 일이 일어났다고 합시다. 팀장과 팀원 사이의 인간관계가 원만하지 않고 팀장은 항상 짜증 난 얼굴로 능력이 없다고 부하를 질책합니다. 팀원 역시 팀장을 싫어하는 표정입니다.

분명히 강 건너 불구경처럼 "스트레스 엄청나겠는걸? 그렇지만 사람이란 그런 과정을 거쳐 성장하는 거니, 뭐. 부하 말에 좀 더 귀를 기울이면 어떨까?"라며 친절한 조언까지 덧붙일지도 모릅니다.

강 건너 불에는 이렇게까지 친절하지만, 자신에게 불꽃이 튀면 감정적으로 되는 원인은 팀장 자신만의 정의나 선입견에서 비롯하며, 이를 일방적으로 밀어붙이는 이유는 팀장이 팀원을 '자신의 소유물'이라고 생각하기 때문일 겁니다.

단언컨대 이런 사고방식은 위험합니다.

팀원이 성과를 내지 못하거나 태도가 좋지 못하다면 이는 모두 팀장의

<u>매니지먼트 결과 탓</u>이라고 생각하세요. 팀원 자신이 팀장에게는 더 배울 것이 없다고 생각하는 겁니다.

혹시 팀원의 능력이 모자란다면 이는 팀장의 책임으로 여기세요. 팀장 자신이 선수로서는 뛰어났어도 감독으로서는 그 능력을 발휘하지 못한 것입니다.

'팀에서 일어나는 다양한 현상은 팀장의 마음을 투영한 결과'니까요.

당장 멈추어야 할 '매니지먼트 무면허 운전'

도대체 왜 자기만의 주먹구구식 매니지먼트가 횡행하는 걸까요?

많은 경우, 회사가 팀장에게 매니지먼트를 체계적으로 배울 기회를 주지 않았기 때문입니다.

실제로 필자는 연수를 진행하면서 매번 100명 이상의 참가자에게 질문합니다.

"매니지먼트를 체계적으로 배운 적이 있나요?"

이 질문에 그렇다고 대답하는 사람은 5명도 되지 않습니다. 이를 보건대, 매니지먼트를 체계적으로 배운 사람은 거의 없다고 해도 과언이 아닐 겁니다.

필자는 이를 '**매니지먼트 무면허 운전**'이라 표현합니다. 예전엔 저도 그랬으니까요.

자동차 면허 학원을 가면 교관이 수강생에게 처음에는 이론부터 가르치고, 다음으로 실기를 거쳐 임시 운전면허증을 받아 도로 주행으로 넘어갑니다. 교관이 항상 옆자리에서 지도하면서 위험한 순간이나 운전이 틀렸을 때는 브레이크를 밟아 교통 법규 위반이나 사고가 일어나지 않도록 보조합니다.

자동차 면허 학원 교육이 끝나면 수강생은 면허 시험에 응시합니다. 이때 정해진 점수를 넘지 못하면 불합격하여 면허증을 받지 못하고 운전도 할 수 없습니다(면허 없이 운전하면 무면허 운전으로 처벌을 받습니다).

매니지먼트 세계는 어떨까요?

사내 연수나 외부 연수 등에서 노무 관리에 필요한 지식을 배울지는 모르지만(자동차 면허 학원의 '이론'에 해당), 대부분 "이 부하 직원과 함께 팀을 만들어 이 목표를 달성하세요. 자, 그럼 시작!"이란 과정으로 매니지먼트를 시작합니다. 앞서 본 자동차 면허 학원과는 달리, 실기도 거치지 않고 도로 주행도 하지 않으며 별도의 면허 시험도 치르지 않습니다.

대부분 심리학이나 인재를 기르는 방법, 팀을 아우르는 방법, 업무 매니지먼트 기법 등을 따로 배울 기회는 거의 없을 겁니다. 그러다 보니 팀장은 나름의 운전 방법으로 팀을 운영할 수밖에 없습니다.

이렇듯 팀장 대부분은 무면허로 매니지먼트를 운전합니다. 사고가 일어나도 이상할 게 없는 거죠.

매니지먼트 정의부터 다시 시작하기

이 책은 이런 무면허 운전 팀장을 한 사람이라도 줄이고자 합니다.

면허를 따고 나서 운전하는 매니지먼트는 무척 안전하고 즐겁습니다. 그렇기 때문에 먼저 함께 생각했으면 합니다. 애당초 '매니지먼트management'란 무엇일까요?

매니지먼트는 다양하게 정의할 수 있으나 일반 경영학에서는 "사람을 관리하고 감독하는 것"이라 정의합니다.

이를 매니지먼트 대상 쪽에서 보면 "항상 위에서 관리하고 감독하는 상태"라고 할 수 있습니다. 그다지 유쾌하지만은 않을 겁니다. 어렵지 않게 상상되지요?

이처럼 매니지먼트는, 매니지먼트의 대상인 사람에게는 그리 즐겁지 않은 행위이므로 자연스럽게 그 주체, 즉 팀장을 미워하는 마음이 생깁니다.

그러나 이 책에서 필자는 이런 정의와는 다른 방향에서 매니지먼트를 바라보고자 합니다.

미국 경영 협회에서는 매니지먼트를 "사람을 매개로 성과를 내는 기술The art of getting things done through people"이라고 정의합니다. 즉, 팀원을 관리하는 일이 아니라 팀원을 매개로 하여 일(=성과)을 해내는 것이 매니지먼트입니다.

매니지먼트의 일반 정의에서는 관리·감독이 '업무'이지만, 필자가 설명할 매니지먼트는 '기술'입니다. 기술은 배울 수 있으므로 이 책을 이른바 '매니지먼트 운전 학원'이라 생각하세요.

그리고 다음 장부터 살펴볼 리드 매니지먼트는 자동차 면허 학원에서 나누어주는 교재라고 여기세요.

리드 매니지먼트를 적용하면 결국 팀원도 '팀장이라면 어떻게 생각하고 어떻게 행동할까?'라며 자주적으로 고민할 텐데, 그러려면 팀원 자신이 먼저 '하고 싶다.'라는 생각이 들어야 합니다.

그렇기에 처음에 필요한 것은 신뢰 관계로, '팀장 말이라면 따라야지.'라는 생각이 드는 믿을 수 있는 팀장이 되어야 합니다. 그렇지 않다면 사람을 매개로 일할 수는 없습니다.

리드 매니지먼트의 목표는?

리드 매니지먼트의 목표는 '팀원의 성장(개인의 목적·목표 달성)을 통해 조직 퍼포먼스를 최대화하는 것'입니다.

이것이 매니지먼트의 최종 목적지입니다.

그러므로 매니지먼트에는 끝이 없습니다. 목표는 '퍼포먼스 최대화'이고 팀원의 성장은 끝이 없으니까요. 뛰어난 팀장이라면 끊임없이 지금보다 더 나은 상태를 원합니다.

이를 이루려면 팀장은 한 사람의 팀원으로서도 끊임없이 다른 팀원과 상호작용을 해야 합니다.

팀원 한 사람 한 사람의 능률을 최대로 높이고 팀으로서 상승효과를 만들도록 '수질(환경)'을 관리해야 합니다.

팀장은 매니지먼트라는 일을 맡습니다.

그러면 미래에 무엇을 실현해야 "매니지먼트가 성공했다."라 말할 수 있을까요?

그 답은 바로 '개인의 성장을 통한 조직 퍼포먼스의 최대화'입니다.

선택 이론 심리학에 기반을 둔 새로운 매니지먼트 기법

　앞서도 여러 번 등장한 '리드 매니지먼트'라는 용어가 그리 익숙하지 않을지도 모릅니다.

　리드 매니지먼트lead management 는 선택 이론(선택 이론 심리학)에 기반을 둔 매니지먼트 기법입니다. 그리고 선택 이론에서는 '모든 행동은 자신의 선택으로 이루어진다.'라고 주장합니다.

　즉, 어떤 행동을 '선택하는 사람'은 자기 자신뿐으로, 다른 사람이 이 행동을 선택하도록 할 수는 없다는 생각입니다.

　종래의 심리학에서는 사람의 행동을 외부 자극에 대한 반응으로 보았습니다. 이것이 '외부통제 심리학external control psychology' 또는 '보스 매니지먼트boss management'라 부르는 사고방식입니다.

　그러므로 바라는 만큼 부하가 성과를 올리지 못하면 비판하거나 탓하거나 벌을 주는 등 외부에서 강한 자극을 주어 원하는 대로 부하를 움직여 문제를 해결하려 했습니다.

　그러나 그 결과 인간관계는 무너졌습니다.

선택 이론에서는 "사람은 외부 자극에 반응하여 움직이지 않는다."라고 말합니다.

그러므로 팀원의 능률이 오르지 않는다면 먼저 상대의 이야기를 듣고 받아들이고 격려합니다. 그런 다음, 서로 이야기를 나누어 문제 해결 방법을 찾습니다.

그러면 인간관계가 무너지기는커녕 더 좋은 방향으로 서로의 관계를 쌓을 수 있습니다.

서론이 너무 길었나요?

선택 이론에 기반을 둔 방법인 리드 매니지먼트 기법에는 **팀원의 능력을 최대한 발휘하도록 하려는 팀장이라면 꼭 알아야 하는 내용**이 있습니다.

이것이 **"사람은 무엇에 따라 행동하는가?"라는 동기**(또는 행동 원리)**의 근본이 되는 부분**입니다.

그 답은 **태어나면서부터 지닌 사람의 5가지 기본 욕구**입니다. 이 욕구를 만족하는 '**좋은 세계**(= 소망)'를 현실 세계에서 이루고자 사람은 행동합니다.

5가지 욕구라고 하니 '매슬로의 욕구 5단계 이론'을 떠올리는 독자도 있을 겁니다.

그러나 이와는 다른 개념입니다.

리드 매니지먼트에서는 다음 5가지를 본능 수준의 기본 욕구로 정의합니다.

1. **생존 욕구**: 안심할 수 있고 안정된 환경에서 지내고 싶고, 자고 싶고, 먹고 싶고, 오래 살고 싶고, 건강하고 싶은 신체적인 욕구
2. **사랑과 소속 욕구**: 가족과 친구를 소중히 하고, 회사나 공동체에 속하고 싶고, 누군가와 함께 있고 싶은 인간관계와 관련한 욕구
3. **힘(권력) 욕구**: 인정받고 싶고, 이기고 싶고, 누군가의 도움이 되고 싶고, 달성하고 싶고, 자신의 가치를 인정받고 싶은 욕구
4. **자유 욕구**: 누구에게도 구속되지 않은 채 자유롭고 싶고, 원하는 대로 결정하고 싶은, 소망하는 일을 하고 싶은 욕구
5. **즐거움 욕구**: 다른 사람을 즐겁게 하고 싶고, 새로운 것을 알고 성장하고 싶은 지적 호기심과 관련한 욕구

읽어보면 쉽게 이해하겠지만, 사람이라면 누구든 당연히 여기는 욕구입니다. 사람은 이 5가지 욕구를 만족하면 행복을 느끼고 만족하지 못하면 불행을 느낍니다. 한때 유행했던 단어, '웰빙'은 바로 이 5가지 욕구를 만족하는 상태라고 할 수 있을 겁니다. 사람은 이 욕구를 만족하고자 하므로 5가지 기본 욕구를 만족하도록 하는 상사와 직장, 일을 선호하며 거꾸로 욕

구 만족을 방해하는 상사와 직장, 일은 싫어합니다.

자세한 내용은 다음 장부터 알아보겠지만, 리드 매니지먼트는 팀원의 욕구 균형과 '좋은 세계(quality world, 소망, 바라는 행복한 세상)'에 초점을 둔 매니지먼트 기법입니다.

이른바 외부통제 매니지먼트에서는 팀원의 희망과는 관계없이 상사의 지시대로 부하를 움직이려고 하나, 리드 매니지먼트에서는 먼저 각 팀원의 희망을 아는 것부터 시작합니다.

이 부분이 예전 매니지먼트 기법과 근본적으로 다른 지점입니다.

학습은 사람의 행동 메커니즘을 되돌아보는 것에서 시작

리드 매니지먼트를 실제로 적용하려면 먼저 인간 행동 메커니즘에 관한 팀장 자신의 사고방식을 바꾸어야 합니다.

예전 외부통제 매니지먼트에는 다음과 같은 3가지 믿음이 있었습니다.

- 외부에서 자극을 주면 사람은 변하며 이를 통해 사람은 달라진다.
- '자신'은 옳고 '상대'는 그르다.
- 자신에게는 상대를 올바르게 할 책임이 있다.
  (도의적으로 좋은 것이 올바른 것)

이러한 믿음은 비즈니스뿐만 아니라 사적인 인간관계에서도 흔히 드러나곤 합니다. 그러나 상사가 부하에게 이 사고방식을 강요하면 매우 위험합니다.

왜냐하면 상사에게 부하가 '올바르지 않은 존재'로 비치기 때문입니다.

상사인 자신은 올바른 존재이기에 올바르게 할 책임이 있다고 생각합니다. 게다가 무언가 "자극을 주면 상대를 바꿀 수 있다."라고 믿기까지 합니다.

이렇게 되면 상사는 부하를 통제하고자 필연적으로 외부에서 자극을 줍니다. 그리고 이를 '교육'이라는 말로 정당화합니다.

부하가 볼 때는 너무 어이없는 일입니다.

리드 매니지먼트에서는 먼저 이런 믿음부터 바로잡습니다.

구체적으로 말하면 "누군가가 사람을 바꿀 수 없다. 그러나 사람은 변한다."입니다.

외부 자극으로 부하를 바꿀 수는 없지만, 부하 스스로는 바뀔 수 있다고 보는 겁니다. 리드 매니지먼트는 '부하 자신이 스스로 내부에서 변화를 일으킬 수 있도록 도우려면 어떻게 해야 하는가?'를 하나의 기술로 정리한 것입니다.

내부에서 변화를 일으키려면 자신의 목적·목표를 명확히 하고 스스로 최선의 행동을 선택해야 합니다.

리드 매니지먼트는 '동기 3.0' 방법론

중요한 것은 자기 스스로 목적과 목표를 명확히 하고 이를 만족하는 데 필요한 행동을 해야 한다는 점입니다. 이렇게 해야 비로소 사람은 변할 수 있습니다.

이를 팀으로 바꿔서 생각해 볼까요?
각 팀원의 목적·목표를 성취할 수 있도록 정보를 제공하는 등의 행동으로 지원하고, 결과적으로 팀 퍼포먼스를 최대화하는 것이 팀장의 역할입니다.

여기까지 읽고 '이거 동기 이야기 아냐?'라고 생각하는 독자도 있을 겁니다. 네, 그렇습니다. 이는 다니엘 핑크 Daniel Pink가 저서 『드라이브 Drive: The Surprising Truth about What Motivates Us』(2011년, 청림출판)에서 이야기하는 내용과도 연결됩니다.

다니엘 핑크는 자신의 책에서 동기 motivation를 다음처럼 정의합니다.

1. **동기 1.0**: 생리적인 동기를 말합니다. '배고픔을 해결하고 싶어.', '자손을 남기고 싶어.'처럼 살면서 생명을 유지하는 데 필요한 활동으로, 가장 원초적인 동기라 할 수 있습니다.

2. **동기 2.0**: 당근과 채찍에 기반을 두며 외부에서 비롯하는 동기입니다. 열심히 하면 보상을 주고 실패하면 벌을 주는 사고방식으로, 반복 작업이 중심이었던 시대에는 효과적이었습니다. 그러나 21세기를 맞으면서 그 기능을 상실했다고 할 수 있습니다. 특히 끊임없이 보상을 주어야 하고 성과만 강조한 나머지 도덕이나 윤리를 무시할 위험이 있고 창조성이 없다는 문제가 있습니다.

3. **동기 3.0**: 자기 내면에서 솟아나는 '의욕'에 기반을 두며 내부에서 비롯하는 동기입니다. '자율성: 과제 해결 방법을 자신의 의지로 결정하는 것', '성장: 목표를 달성하고자 경험을 쌓고 숙달과 성장에 초점을 두는 것', '목적: 사회 공헌이나 환경 보호, 회사에의 공헌 등 이타적인 목적을 중시하는 것'이라고 정의합니다.

요즘 기업에서 일어나는 여러 가지 사건은 동기 2.0에 기반을 둔 매니지먼트가 그 원인의 하나일지도 모릅니다.

이와 달리 리드 매니지먼트는 동기 3.0을 이용한 매니지먼트입니다.

지금까지와는 달리 당근과 채찍처럼 외부통제가 통하지 않는 시대를 사는 팀장이라면 이 사고방식을 적극적으로 적용하고 실천해야 합니다.

리드 매니지먼트 실천에 필요한 5가지 기술

다음 장부터 한 단계씩 다룰 리드 매니지먼트에는 실천에 필요한 5가지 기술이 있습니다. 순서대로 리더십 기술, 개인 성장 지원 기술, 환경(수질) 관리 기술, 위임 기술, 체계화 기술입니다.

먼저 개요부터 살펴볼까요?

[리더십 기술 → 제1코스(51쪽)에서 설명]

팀원이 팀장을 생각할 때 '이 팀장님과 함께 일하고 싶다.', '이 팀장님에게 힘이 되고 싶다.' 등의 긍정적인 방향이 되도록 하는 기술입니다. 매니지먼트는 사람을 매개로 일하는 기술이므로 팀원도 팀장과 마찬가지 판단 기준으로 일하도록 해야 합니다. 팀장의 생각이나 말한 바를 받아들이고 자기 일처럼 주체적으로 업무를 진행해야 하기 때문입니다. 그러려면 팀원과 '좋은 세계'를 공유하는 기술이 있어야 합니다.

[개인 성장 지원 기술 → 제2코스(85쪽)에서 설명]

각 팀원의 목적과 목표를 명확히 하고 이를 달성하도록 안내하는 기술입니다. 팀장은 팀원이 목적이나 목표를 명확히 하는 데 참여해야 합니다. 통제도 방임도 아닌, 팀원 자신의 왼손과 오른손을 일치하도록 하는 지도 방법이나 성장 지원 방법을 익혀야 합니다. 이와 함께 각 팀원에게 어떻게 피드백을 제공할지 그 기술도 살펴봅니다.

[수질(환경) 관리 기술 → 제3코스(121쪽)에서 설명]

팀 내 인재를 기르는 문화를 마련하는 기술입니다. 여기서부터는 일대일 매니지먼트 기법입니다. 팀이나 조직에서 중요하게 생각하는 가치관을 말로 설명하고 전파합니다. 감사, 응원, 도전 등의 발언이 많을수록 좋은 환경이고 비방, 모함, 불평, 불만, 불신이 만연하는 상태라면 나쁜 환경입니다. 거부감 없이 좋은 환경으로 바꾸는 방법론도 함께 살펴봅니다.

[위임 기술 → 제4코스(147쪽)에서 설명]

팀원에게 업무를 맡기고 팀장은 고유의 임무에 충실하기 위한 기술입니다. 팀장 고유의 임무란 조직의 '제2사분면(긴급하지 않지만 중요함)'에 해당하는 일입니다. 그러려면 팀원에게 일을 맡기고 성장으로 이어지도록 하면서 팀장만의 시간을 확보해야 합니다. 이 시간 동안 팀장은 미래로 이어지는 일을 해야 합니다. 팀원이 불평하지 않도록 하면서 일을 맡기는 요령도 함께 살펴봅니다.

[체계화 기술 → 제5코스(179쪽)에서 설명]

인재 육성 체계를 만드는 기술입니다. 체계가 있다면 팀원이 보람이나 의욕을 느끼므로 인재로 성장할 수 있습니다. 회의 운영, 표창 제도, 인사 제도 등 필자가 근무 중인 기업, 어치브먼트에서 수행하는 체계를 예로 들어 설명하겠으니, 각각의 팀이나 조직에 맞는 방법을 찾을 때 참고하길 바랍니다.

5가지 기술 중에는 생소한 용어도 있겠지만, 이는 다음 장부터 자세히 설명합니다.

하나씩 익히면서 매니지먼트 운전 학원 과정을 마치면 팀 퍼포먼스를 최대화하는 매니지먼트 운전면허증을 손에 쥘 수 있을 겁니다.

서장 체크리스트

- ☐ 팀장과 팀원은 서로 다른 사람이라는 전제를 명심한다.
- ☐ 팀원의 성장을 통한 조직 퍼포먼스 최대화를 목표로 한다.
- ☐ 사람은 "외부 자극에 반응하여 움직이지 않는다."라는 행동 메커니즘을 이해한다.

column 팀장이 빠지기 쉬운 3가지 함정

리드 매니지먼트를 배우기 전과 배운 후 양쪽 모두에는 팀장이 빠지기 쉬운 3가지 함정 패턴이 있습니다. 시작하기 전 주의할 점으로 알아두세요.

첫 번째는 **보스 매니지먼트**입니다. 이어지는 제1코스 본문에서도 살펴볼 외부통제 매니지먼트 기법입니다. 심하게 잔소리를 늘어놓거나 꾸짖거나 벌을 주어 팀원을 변화시키려 합니다.

두 번째는 **방임 매니지먼트**입니다. 보스 매니지먼트를 직장 내 괴롭힘으로 여기는 시대가 되자, 이를 피하고자 개인의 자주성을 보장한다는 명목으로 "하고 싶은 방식대로 해보세요."라며 무작정 맡겨버리는 방법입니다. 그러나 방임 매니지먼트 대부분은 결국 방기(放棄)가 되어 버립니다. 고압적인 환경은 사라졌으나 매니지먼트 자체를 돌보지 않으므로 결과가 나오지 않거나 팀원 성장으로 이어지지 않습니다. 매우 뛰어난 팀원이라면 팀으로서 성과가 나오기도 할 겁니다. 그러나 매니지먼트를 방기하는 팀이므로 팀장 자신의 존재 가치는 없습니다.

세 번째는 **해야 할 말을 하지 못하는 매니지먼트**입니다. 리드 매니지먼트를 배우는 과정에서 흔히 보는 현상으로, '선택 이론 소화 불량'이라 부르기도 합니다. 특히 중간관리직처럼 위아래 사이에 끼인 상태에서 빠지기 쉽습니다. 처음에는 증상이 없지만, 팀원과의 관계가 원활치 못하게 되거나, 팀장 때문에 팀원이 심한 스트레스를 받거나, 목표 달성 실패가 계속되면 점차 악화되며 이윽고 정신 건강에까지 영향을 끼칩니다. "미안해, 나 같은 사람이 상사여서.", "힘이 없어 미안해."라며 팀장은 자기 자신을 탓하게 됩니다. 선택 이론 소화 불량 증상에서 문제가 되는 것은 팀장의 미안하다는 말과 자책이 진심이 아니라는 점입니다. 그저 팀장은 팀원의 "아뇨, 전혀 그렇지 않아요."라는 위로의 말을 듣고 싶을 뿐입니다.

선택 이론에는 "사람은 항상 자신의 욕구를 만족하고자 온갖 노력을 다한다."라는 행동 메커니즘이 있습니다. "미안해, 내가 힘이 없어서."라는 말의 바탕에는 '미움 받고 싶지 않아.', '감사 인사를 듣고 싶어.', '위로해 줬으면 해.'라는 속마음이 자리 잡고 있으며, 누군가가 이런 말을 해주기를 바라며 자신을 호소하는 언행이 밖으로 드러났을 뿐입니다.

너무 배려하거나 인간관계만을 중시하여 성장에는 신경을 쓰지 않거나, 꾸짖지 않거나, 심한 말을 하지 않거나, 심지어는 해야 할 말을 못 하기도 합니다.

이러한 상황이 오면 조심해야 하므로 미리 이해하고 명심하세요.

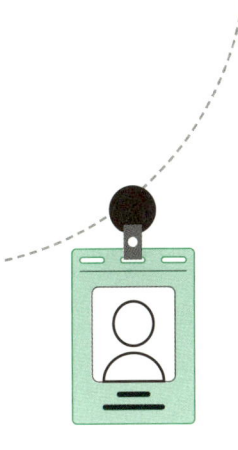

리더십이란 미래를 제시하는 능력이고, 매니지먼트란 미래를 향한 과정을 통제하는 능력입니다.

(중략)

리드 매니지먼트에서는 무엇을 위해, 누구를 위해, 이 조직에 속한 이유, 팀이 있는 이유 등 기본을 설명하고 "그렇기 때문에 이 목표를 향한다."처럼 목적을 달성했을 때 펼쳐질 미래를 제시해야 합니다. 그러고 나서 미래가 뜻하는 바와 그 의의를 팀원이 이해하도록 하여 의욕이 싹트도록 합니다.

제 1 코스

가장 먼저 익혀야 할
리더십 기술

매니지먼트와 리더십은 한 묶음

그럼, 본론으로 들어가 기술을 하나씩 살펴볼까요?

리드 매니지먼트를 적용하는 데 필요한 첫 번째 기술은 **리더십 기술**입니다.

'매니지먼트가 주제인 책에서 왜 리더십을 다루지?'라고 생각할지도 모르겠습니다. 그러나 리더십은 리드 매니지먼트를 적용할 때 가장 먼저 거쳐야 할 단계입니다.

일대일뿐만 아니라 일대다, 예를 들어 100명 단위의 매니지먼트를 진행할 때도 이 기술이 가장 먼저 필요합니다.

리더십과 매니지먼트의 일반적인 차이를 잠깐 살펴보겠습니다. 리더십이 '어디로 갈지를 정하는 능력'이라고 한다면, 매니지먼트는 '그곳까지 이르는 데 필요한 자원을 분배하고 그 과정을 관리하는 능력'이라 할 수 있습니다.

즉, 리더십이란 미래를 제시하는 능력이고, 매니지먼트란 미래를 향한 과정을 통제하는 능력입니다.

참고로 "우리 팀의 매출 목표는 10억 원입니다."를 리더십의 한 예로 들

수는 있겠지만, 리드 매니지먼트에서는 이를 리더십이라 부르지 않습니다.

  무엇을 위해, 누구를 위해, 이 조직에 속한 이유, 팀이 있는 이유 등 기본을 설명하고 "그렇기 때문에 이 목표를 향한다."처럼 목적을 달성했을 때 펼쳐질 미래를 제시해야 합니다. 그러고 나서 미래가 뜻하는 바와 그 의의를 팀원이 이해하도록 하여 의욕이 싹트도록 합니다.

  의미 있는 미래가 보일 때 비로소 팀원에게 자발적인 동기가 생깁니다.

  그러므로 이 2가지는 한 묶음입니다.

  팀장은 과정을 관리하는 것에서 멈추지 말고 항상 팀원에게 미래를 제시하는 능력 즉, 리더십 역시 갖추어야 합니다.

  그러려면 팀원이 바라는 좋은 세계에 속하려 노력해야 합니다.

팀원의 좋은 세계 알기, 속하기, 확장하기

  앞서 여러 번 등장한 '좋은 세계'는 구체적으로 무엇을 뜻할까요?

  리드 매니지먼트에서는 좋은 세계 개념이 아주 중요하므로 미리 살펴보고자 합니다.

  앞에서도 설명했지만, 선택 이론에서는 사람에게 선천적인 5가지 기본 욕구(생존, 사랑, 힘, 자유, 즐거움)가 있다고 주장합니다. 그리고 이 5가지 욕구를 만족하는 장면을 모은 일종의 사진집을 **좋은 세계**quality world 라 부릅니다.

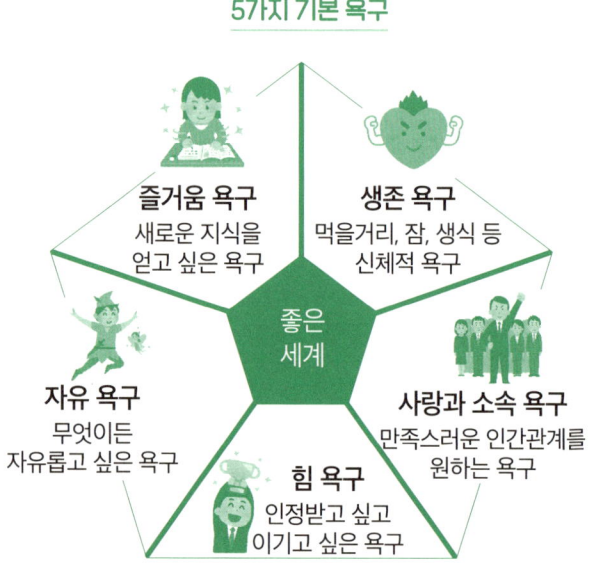

좋은 세계에는 그 사람이 좋아하는 사람, 사물, 일, 장소, 상황, 가치관, 믿음 등을 모아둡니다. 쉽게 표현하면 소망 모음집이라고 할까요?

"존경하는 사람은 누구인가요?", "왜 그 사람을 존경하나요?", "들었을 때 가장 기쁜 말은 무엇인가요?" 등 이런 물음의 답 역시 좋은 세계 안에 모아둡니다.

매니지먼트에서는 예를 들어 "이 업무와 이 회사를 고른 이유는 무엇인가요?" 등의 입사 동기 역시 좋은 세계에 속한 하나입니다.

==팀장이 해야 할 일은 팀원의 좋은 세계에 무엇이 있는지를 '알고', 그런 다음 좋은 세계에 자신도 '속하도록' 노력하고, 마지막으로 일이나 회사 또한 좋은 세계에 속하도록 '확장하는' 것입니다.==

독자 여러분은 팀원의 좋은 세계 사진집에 무엇이 있는지 잘 알고 있나요?

오늘날은 인권 존중이 중요한 사회이므로 생각 없이 팀원의 사생활을 캐묻거나 간섭해서는 안 됩니다. 그러므로 우선은 팀원의 좋은 세계가 무엇인지, 어떤 장면이 있는지 등에 관심을 두는 것부터 시작하세요. 이것이 바로 '알기'입니다.

그런 다음, 잠시 후 설명할 7가지 좋은 습관을 들여 팀원의 좋은 세계 안에 팀장이라는 존재가 속하도록 노력합니다.

처음에는 '알기'만 해도 충분합니다.

이후 팀원의 좋은 세계에 팀장 자신이 속하도록 하고 회사, 회사의 상품과 서비스, 업무 내용, 팀까지 포함되는 것을 목표로 서로의 관계를 만듭시다. 그러면 팀원은 주체적으로 업무에 참여하게 됩니다.

이에 앞서 리드 매니지먼트를 배울 때 먼저 알아야 할 점은 팀장 자신이 '팀원이 봤을 때 믿을 수 있는 팀장', '따르고 싶은 마음이 드는 팀장'이어야 한다는 사실입니다.

이에 필요한 능력이 신뢰 관계를 쌓아 부하의 좋은 세계 속 일부가 되는 능력입니다.

현재 여러분과 부하 사이의 신뢰 관계는 어떤가요?

부하는 여러분을 신뢰하나요?

여러분은 부하를 신뢰하나요?

어떻게 하면 더 강한 신뢰 관계를 쌓을 수 있을까요?

이러한 물음을 끊임없이 반복하는 것도 도움이 됩니다.

팀장이 팀원에게서 얻어야 하는 존경과 신뢰

이 장에서 다룰 리더십을 발휘하는 데 꼭 필요한 것이 '다른 사람과 신뢰 관계를 쌓는 기술'입니다. 신뢰 관계를 쌓아야 비로소 상대방의 좋은 세계에 포함될 수 있기 때문입니다.

상대방과 신뢰 관계를 쌓으려면 존경과 신뢰, 2가지가 모두 있어야 합니다.

자신의 업무 지식과 실적을 활용하여 상대가 고민하는 문제를 해결한다면 **존경**을 얻을 수 있을 겁니다.

예를 들어, 영업부라면 '성과'입니다. 실무형 팀장으로서 실적과 능력을 바탕으로 팀원을 뛰어넘는 성과를 달성해 보입니다. 그러면 팀원들은 '이 팀장은 내게는 없는 능력이 있다.'라 생각하게 됩니다.

회계나 총무 등의 지원 업무라면 팀원을 압도하는 지식과 기술, 실무 능력이 이에 해당합니다. 어떤 질문에도 막힘 없이 답하고 작업은 재빠르게 끝내며 상황을 정확하게 판단하는 모습을 보입니다.

단, 존경을 얻으려면 중요한 한 가지를 기억해야 합니다.

==팀원이 '이후 업무에서 획득하고자 하는 목표 영역 안'에서 탁월함을 보여야 한다는 점==입니다. 예를 들어, 영업부로서 영업 실적을 올리지 못한다면 회계 지식이 아무리 뛰어나더라도 존경받지 못합니다. "아는 건 많네."라는 비아냥을 들을 뿐입니다.

그렇지 않고 팀원들이 보았을 때 '이 상사에게는 내게 없는 전문 지식과 기술이 있네.', '어려운 일이라도 노력하고 도전하는구나.', '저 정도 성과를 달성하기엔 나는 아직 부족해.' 등을 느낀다면 탁월함을 인정받을 수 있습니다.

또는 '누구라도 할 수 있는 일을 누구도 못 할 정도로 철저하게 계속하는구나.'라는 느낌 역시 존경으로 이어집니다.

여러분에게는 뛰어난 기술, 지식, 성과, 쉽게 포기하지 않는 끈기 등이 있습니까?

이와 달리, **신뢰**는 시간을 들여 느끼도록 해야 합니다.

어치브먼트에서는 신뢰와 존경을 각각 **덕망**과 **재능**이라 부릅니다. 덕망이란 신뢰로 이어지는 인격이나 인망을, 재능이란 존경으로 이어지는 능력이나 실적을 뜻합니다.

재능은 앞서 살펴본 대로이며, 덕망을 얻으려면 7가지 좋은 습관(내부통제)을 실천해야 합니다.

이와 함께 '7가지 나쁜 습관(외부통제)'이라 부르는 '들여서는 안 될 습관'은 당장 멈추어야 합니다. 다음 절에서는 이 2가지를 알아봅니다.

신뢰를 얻는 데 필요한 '7+2가지 좋은 습관'과 '7가지 나쁜 습관'

먼저 **7가지 좋은 습관**은 다음처럼 분류할 수 있습니다.

1. **경청하기**: 상대의 이야기를 중간에 끊지 않고 끝까지 들어야 합니다. 미리 답을 정해 유도하듯이 대화하지 말고, 상대의 말을 이해하려는 자

세로 듣습니다.

2. **지원하기**: 상대의 목적이나 목표를 달성하는 데 필요한 조언이나 정보를 제공합니다. 부하 직원의 목적·목표 달성을 위해 여러분이 할 수 있는 일은 무엇인지를 정리하고 실천합시다.

3. **격려하기**: 당장은 잘 안되거나 벽에 부닥친 사람 또는 실패한 사람이라도 다시 앞으로 나아갈 수 있는 긍정적인 힘을 기르도록 돕습니다. 비판만 해서도 안 되며 그저 '괜찮아, 할 수 있어.'라고 쉽게 말해서도 안 됩니다. 말보다는 다가서려는 마음이 중요합니다.

4. **존경하기**: 상대가 '자신보다 유능하다.'라고 생각한다면 자신보다 뛰어난 점을 구체적인 말로 전달합니다. "이건 대단한데요.", "좀 알려주세요.", "저라면 못했을 겁니다.", "감각이 있네요." 등 자기에게는 없지만 상대에게는 있는 장점을 전달합니다. 머릿속으로 생각만 하는 것은 전달하지 않는 것과 같습니다.

5. **신뢰하기**: "이 분야에서 실력을 발휘할 사람"이라며 상대를 믿고 업무를 맡겨야 합니다. "목표 달성이 어렵지 않을까요?", "일은 제대로 할까요?"라는 마음보다는 상대를 믿고 기다립니다. 때로는 자식을 대하는 부모처럼 인내심이 필요하기도 합니다.

6. **수용하기**: 자신과 의견이 다르더라도 "그건 아니에요."라며 정면으로 부정하지 말아야 합니다. "그렇군요.", "생각은 잘 알았어요.", "그렇게 볼 수도 있겠네요."라며 우선은 인정합니다. "나도 그렇게 생각해요."라고 동조하거나 받아들이지는 않아도 됩니다. 어디까지나 상대를 인

정하고 이해합시다. 어떤 면에서는 매우 어려운 일이기도 합니다.

7. **차이 줄이기**: 1부터 6까지 실천했다면 이를 'I 메시지'로 전달합니다. I 메시지란 주어가 '나'인 메시지를 말합니다. "나는 이렇게 생각해요.", "우리 회사는 이렇게 생각합니다.'", "난 이렇게 하고 싶은데, 그러려면 뭐가 필요할까요?"라고 전합니다. 팀장과 팀원은 상사와 부하 관계이므로 팀과 조직으로서 생각하고 행동해야 할 일이 있습니다. 이럴 때 협상 방법의 하나로 상대가 부정할 수 없는 I 메시지를 전합니다.

이 7가지 좋은 습관은 모두 팀장인 '나'가 주어입니다(7가지 좋은 습관 앞에 '내가'를 추가하여 읽어 보세요).

리드 매니지먼트의 믿음은 "사람은 바꿀 수 없다. 그러나 사람은 변한다."였습니다.

이를 전제로 한마디로 요약하면 '팀원 스스로 변하도록 팀장인 내가 할 수 있는 습관'이라 할 수 있습니다.

더불어 실천해야 할 2가지 습관

이와 함께 신뢰를 얻는 2가지 추가 습관을 덧붙이고자 합니다.

1. **작은 약속이라도 지키기**: 상대와 한 약속은 아무리 사소하더라도 지켜야 합니다. 가장 흔한 예는 시간 약속입니다. 회의는 물론 간단한 상담 약속이라도 꼭 지켜야 합니다. 그 밖에도 "다음에 ○○하자." 등의 약속도 반드시 지키도록 합시다. 지키지 못할 약속은 하지 맙시다.

2. **험담하지 않기**: 가장 믿지 못할 사람은 겉과 속이 다른 사람입니다. 특히 상사가 부하에 대해 하는 "그 친구는 글렀어." 등의 험담은 당사자뿐만 아니라 듣던 사람의 신뢰도 함께 잃습니다. '이 팀장, 다른 곳에서는 날 욕할 거야.'라며 언젠가 뒤통수를 맞을 거로 생각할 테니까요. 상사가 말하는 험담은 자기 정당화로 "팀장님도 고생이네요."라며 부하가 인정해 주기를 바라는 마음은 이해하나, 자신의 스트레스를 풀고자 다른 사람을 헐뜯어서는 절대 신뢰를 얻을 수 없습니다.

좋은 습관 7가지에 2가지를 더해 모두 9가지로, 이를 지키고자 노력하면 팀장은 팀원의 신뢰를 조금씩 얻을 수 있습니다.

더불어 다음에 설명할 7가지 나쁜 습관 역시 고치도록 합시다.

지금 당장 버려야 할 7가지 나쁜 습관

7가지 나쁜 습관은 앞서 살펴본 외부통제(보스 매니지먼트)와도 겹치는 항목입니다.

1. **비판하기**
2. **탓하기**
3. **처벌하기**
4. **위협하기**
5. **투덜거리기**
6. **잔소리하기**

7. 보상으로 유인하기(원하는 대로 통제하기)

말 그대로이므로 추가 설명을 덧붙이진 않겠습니다만, 이 7가지 습관의 배경에는 '결점을 강조한다.', '자신은 옳고 다른 사람은 틀리다.', '상대를 통제할 수 있다(바꿀 수 있다).'라는 사고방식이 있습니다.

그리고 이 모두는 팀원인 '상대'를 변화시키려는 것이 주목적입니다('상대'가 목적 또는 대상입니다).

이렇게 의사소통한다면 부하는 자신의 좋은 세계에서 여러분을 제외할 겁니다. 당장 7가지 나쁜 습관은 버리고 7가지 좋은 습관으로 바꾸세요.

일치하는 '속말'과 '겉말'로 명확한 메시지 전달

앞서 살펴본 '7가지 좋은 습관 + 2가지'를 실천해도 여전히 부족한 점이 있습니다. 특히 지금까지 다룬 표면적인 의사소통 기법만 사용할 때 일어나기 쉬운데, 여기서는 이를 보충하고자 합니다.

팀장은 자신 속의 2가지 말이 일치하도록 해야 합니다.

2가지 말이란 '속말'과 '겉말'을 일컫습니다. **속말**은 마음속에서 생각하는 말이고 **겉말**은 밖으로 내뱉는 말입니다.

속말과 겉말이 다르다는 것은 간단하게 이야기해서 "생각과 말이 다르다."라는 뜻입니다. 이중 메시지라고도 합니다.

신뢰를 쌓아 매니지먼트에 성공하려면 팀장의 2가지 말은 일치해야 합니다.

속으로는 '그 친구는 글렀어.'라고 생각하면서도 "당신은 할 수 있어."라고 말하거나 '어차피 그만둘 텐데, 뭘.'이라고 생각하면서도 "앞으로도 잘 부탁해."라고 말한다면 상대는 이를 이중 메시지로 받아들입니다.

말로만 표현하는 칭찬이나 격려는 오히려 신뢰 관계를 망친다고 생각하세요.

왜냐하면, 의사소통은 말로만 이루어지는 것이 아니기 때문입니다.

표정, 자세, 시선, 목소리, 음색, 소리 크기, 말하는 방법, 말과 말 사이의 간격, 몸짓과 손짓 등의 **비언어 의사소통** 역시 상대에게 전해집니다.

비언어 의사소통 연구자인 앨버트 메라비언 Albert Mehrabian 에 따르면 "사람의 태도나 성향을 추정할 때 그 사람의 말의 내용으로 판단하는 경우는 겨우 7%이고 38%는 어조나 목소리, 55%는 보디랭귀지(표정, 태도)로 판단한다."라고 합니다.

즉, 93%가 비언어 의사소통을 이용하여 눈앞에 있는 사람이 어떤 인물인지, 무슨 생각을 하는지를 판단한다는 것입니다.

이처럼 입으로 내뱉는 말만으로는 올바르게 전달할 수 없습니다.

'팀원은 능력이 뛰어나다.'라고 생각하기

속말과 겉말을 일치시키는 것을, 팀장으로서 자기 관리의 하나라고 생각하세요.

'이 팀원은 이 업무를 해내지 못할 것 같은데 뭐라고 말하지?'라며 고민하지 말고 '이 팀원이라면 할 수 있을지도 몰라.'라고 생각하도록 자기를 관리하는 겁니다.

이럴 때는 '팀원은 능력이 뛰어나다.'라는 생각을 갖고 그 사람을 바라보면 도움이 됩니다.

서장에서 일반 매니지먼트와 리드 매니지먼트의 차이를 알아봤습니다만, 여기서는 이에 더해 일반 매니지먼트와 리드 매니지먼트에서 '사람을 바라보는 관점이 어떻게 다른지'를 살펴봅니다.

일반적인 관리·감독형 매니지먼트에서는 "팀원은 팀장보다 능력이 부족하다."라고 전제합니다. 능력이 부족한 팀원과 함께 성과를 내려면 반드시 관리·감독이 필요하다고 보는 것이죠.

이와 달리 리드 매니지먼트에서는 거꾸로 "팀원은 팀장보다 능력이 뛰어나다."라고 바라봅니다. 그리고 이 뛰어난 능력을 발휘하는 상태를 만들려면 팀장이 이를 이끌어야 합니다.

이것이 바로 '이끌다 = 리드(매니지먼트)'인 까닭입니다.

이렇게 사람을 바라보면 '각 팀원의 성장을 어떻게 이룰 것인가?', '이를 어떻게 하나로 모아 조직 퍼포먼스를 최대화할 것인가?'라는 생각으로 이어집니다.

의사소통 자체도 달라집니다. 누구든 뛰어난 사람이라는 전제로 상대를 대하면 팀원에게 마음을 전할 수 있는 의사소통이 됩니다.

이렇듯 팀장이 자기를 관리할 때는 먼저 팀원을 대하는 자세부터 바꾸어야 합니다.

그 팀원을 소중하게 여기는 사람이 있다고 생각하기

속말과 겉말을 일치하도록 하는 자기 매니지먼트 기법은 이외에도 있습니다.

필자가 사용하는 방법이기도 한데, 팀원과 마주할 때는 항상 팀원 뒤에 부모님이 있다고 상상합니다.

필자 역시 누군가의 부모이기에 느끼는 바이지만, 팀원의 부모 역시 20년 이상 자식을 소중히 기르고 큰돈을 들여 교육하고 항상 자식의 행복을 빌면서 사회로 내보냈을 겁니다.

자식이 선택한 직장에 불안을 느끼면서도 "우리 애가 고른 회사니까."라며 응원하는 그런 부모가 있는 팀원과 함께 일합니다.

이야기하면서 생각하니 정말로 팀원 뒤에는 부모님이 항상 함께하네요.

그러기에 '자기 팀원과 마주할 때 진심으로 이 팀원의 성장이나 성공을 바라는가?', '부모님 앞에서도 한 점 부끄럼이 없는가?' 등을 늘 생각합니다.

이렇게 하면 속말은 긍정적인 표현으로 바뀌고 점점 겉말과 일치합니다.

'자기 위치'에서 바라보며 기대치 조정하기

마지막으로 팀원에 바라는 기대치 자체를 조정합시다.

팀장은 팀원에게 바라는 기대치를 '나와 비슷한 수준'으로 설정하곤 합니다. 같은 사람이 같은 직종을 어느 정도 경험했으니 이 정도는 당연하다고 여깁니다.

그리고 못했을 때 답답함을 느낍니다. 자신과 비교하니 부족한 면만 눈에 띄고 마음속에서 우러나는 고마움을 느끼지도 못합니다.

그러지 말고 상대 수준에 기대치를 맞춥시다.

애당초 팀원은 날마다 온 힘을 다하려 노력합니다.

이 회사를 선택했고 매일 출근하며 날마다 진심으로 일하려 하는 자세에 기대치 수준을 맞추세요. 특히 출근했다는 사실에 고마움의 수준을 맞추면 모든 것이 고맙고 기특해 보일 겁니다.

물론 그렇다고 해서 실수도 그냥 넘어가라는 뜻은 아닙니다. 성과를 내지 못해도 괜찮다는 말은 더더욱 아닙니다.

어디까지나 생각하는 기준을 적정한 수준으로 조정하여 팀장의 속말과 겉말을 일치하도록 하라는 뜻입니다.

독자 중에는 이렇게까지 할 필요는 없다고 생각하는 사람도 있겠지만, 우선은 방법론의 하나로 기억해 두세요.

좋은 세계를 아는 데 필요한 5가지 기본 욕구 이해하고 분석하기

앞서 팀원의 좋은 세계를 '알기'만 해도 좋다고 했습니다.

팀원의 좋은 세계를 알려면 태어나면서부터 지닌 사람의 5가지 기본 욕구(39쪽 참고)를 알아야 한다고 했습니다. 이를 만족하는 소망을 모은 것이 좋은 세계입니다.

그러면 이 기본 욕구를 좀 더 자세히 살펴볼까요?

5가지 기본 욕구는 다시 15가지 요소로 나눌 수 있습니다. 70쪽에 그림으로 정리했으므로 함께 참고하세요.

욕구는 강하거나 약한데, 강해야 좋고 약하면 나쁜 것은 아닙니다. 이 욕구 균형을 그 사람의 개성이라 말합니다.

좋은 세계(=소망)는 고유하므로 사람마다 다릅니다. **욕구 균형의 차이가 개인의 말이나 행동, 일을 처리할 때의 우선순위를 드러냅니다.**

잠시 필자의 실패 경험 한 가지를 말해 보겠습니다.

어느 팀원(이하 A)에게 팀장인 필자가 업무를 할당했습니다. 그러자 A는 "(이 업무를 끝내려면) 시간이 너무 많이 걸리지는 않을까요?"라며 되물었습니다.

그 물음에 갑자기 화가 났습니다. '상사인 내 지시조차도 거부할 생각인가? 이 친구는 이 회사에서 일할 마음이 있긴 한 건가?'라는 판단을 그 자리에서 내려버린 겁니다.

"시간이 너무 많이 걸리지는 않을까요?"라는 물음의 바탕에는 '하고 싶지 않지만 윗사람이 시키니 어쩔 수 없지, 뭐.'라는 생각이 있었다고 느꼈기 때문입니다.

A의 물음이 마치 "이 업무를 맡으면 전 퇴근은 언제 하나요?"처럼 들렸던 겁니다.

그러나 그 판단은 틀렸습니다.

A는 생존 욕구가 강한 사람이었던 겁니다.

할당한 업무를 하고자 하는 의욕은 있지만, 업무에 소요되는 시간을 정확히 알아야 더 적극적으로 일할 마음이 생기는 욕구 균형을 가진 사람이었습니다.

이와 더불어 A가 다음 그림에서 설명하는 힘(권력) 욕구 중 '달성'이 강하다면, 그 바탕에는 "우선순위를 고려해야 한다."라는 의도를 포함됩니다. 할당된 업무 완수라는 목적을 달성하려면 몇 시간이나 걸릴지를 알고 싶었던 겁니다.

이를 올바르게 이해하지 못한 채 말만으로 판단하여 '그 친구는 일할 마음이 없어.'라고 생각한 것은 자신의 선입견으로 상황을 섣불리 판단한 탓입니다.

사실은 '일할 마음이 없는 팀원'이 있는 게 아니라, '일할 마음이 없어 보여.'라며 상사가 색안경을 끼고 팀원을 바라보는 일이 많은 게 아닐까요?

57가지 기본 욕구 정의

욕구		설명
생존 욕구	안전·안정	앞장서 모험하기보다는 안정된 생활을 바람.
	건강	규칙적으로 생활하고 매일 건강에 신경 씀.
사랑과 소속 욕구	사랑	사람과의 관계를 소중히 하며 넓게 사귀기보다는 깊게 사귀고자 함.
	소속	깊게 사귀기보다는 넓게 사귀고 싶어 하며 팀원과 함께 무언가를 한다는 데 기쁨을 느낌.
힘 욕구	달성	목표를 향해 노력하고 바라는 바를 얻고자 노력함. 하려는 바를 달성하고자 함.
	승인	다른 사람이 자신의 실력이나 노력을 인정해 주기를 바람.
	공헌	다른 사람은 관심 없는 일이라도 노력하며 사람을 돕는 일에 기쁨을 느낌.
	경쟁	다른 사람은 물론, 자기 자신도 이기고 싶음.
자유 욕구	해방	구속되지 않으려는 생각이 강하고 시간이나 규칙에 얽매이는 것을 싫어함.
	변화	지금에 만족하지 않고 변화를 추구함.
	소신	다른 사람의 의견에 휩쓸리지 않고 나다움을 지키고자 함.
즐거움 욕구	유머	유머 감각이 뛰어나고 여러 가지를 즐기려 함.
	호기심	흥미와 관심이 폭넓으며 새로운 것에 도전함.
	학습·성장	배움에 즐거움을 느끼고 능력을 기르고자 스스로 노력함.
	창조성	유연하고 참신한 발상으로 창조적인 활동을 하고자 함.

욕구 균형 평가 점수는 사람마다 다르다

그러므로 팀장은 먼저 5가지 기본 욕구가 본능 수준임을 즉, 태어나면서부터 지닌 것임을 알아야 합니다.

욕구 균형이 사람마다 다르다는 사실을 알았다면 팀원을 관찰하고 욕구 균형(각각의 강약) 경향을 분석합니다.

0을 뺀 1부터 5까지의 점수로 이를 평가합니다. 0을 뺀 이유는 '어느 정도 경향은 반드시 있기' 때문입니다.

평소처럼 의사소통하면서 각 경향이 강한지, 약한지를 분석해 보세요.

그중에는 평가하기 애매한 사람도 있을 겁니다.

자기주장이 없거나 의사소통이 적다면 판단하기 어렵습니다. 이럴 때는 행동을 관찰하세요.

예를 들어 청소할 때 혼자서 묵묵히 하는지, 모두와 협력하는지 등입니다. 시간을 잘 배분하여 마감 전에 끝내는지, 처음에는 설렁설렁하다가 마지막에 온 힘을 다해 한 번에 마무리하는지, 아니면 '이 정도면 됐겠지?'라며 끝내는지도 관찰할 수도 있습니다.

이 외에도 가르친 대로 하는지, 자신만의 방식으로 하는지 등도 있습니다.

그러므로 팀장의 관찰력이 중요합니다.

다음처럼 팀원 차트를 만들어 봐도 좋습니다.

팀원 차트

이름	나이	근속 연수	직위
	세	년	

입사 동기	

욕구 균형 5: 아주 강함 4: 강함 3: 보통 2: 약함 1: 아주 약함	생존		좋은 세계	
	사랑과 소속			
	힘(권력)			
	자유			
	즐거움			

강점·장점		비전· 목표	
		성공해야 하는 이유	

팀원 각각의 좋은 세계에 다가가 그 일부 되기

    대화 등의 방법으로 의사소통하거나 관찰하면서 팀장은 팀원의 욕구 균형을 이해하려 합니다. 욕구 균형에는 정해진 답이 없습니다. 그러므로 '아마 이럴 거야.'라는 추측이 중요합니다.

    추측했다면 욕구를 충족하는 팀원의 좋은 세계를 만족하도록 하는 관계를 만듭니다. 언제나 욕구를 충족하도록 대한다면 부하의 좋은 세계 일부가 되기도 그만큼 쉬워집니다.

    다음은 필자가 실제로 겪은 일입니다. 어떤 영업 담당 팀원이 아주 좋은 성적을 얻었기에 "조금만 더 하면 선두권에 드네.", "1위가 눈앞이야." 등의 방식으로 의사소통을 시도했지만, 그 팀원의 반응은 미지근했고 아무런 행동 변화도 관찰할 수 없었습니다. 오히려 서로의 거리만 멀어지는 듯했습니다.

    주의 깊게 관찰하며 그 팀원의 욕구 균형을 이해하고 좋은 세계에 다가가 보니 '힘 욕구 중에서도 공헌이 강하다'는 것과 '고객을 기쁘게 하고 더 많이 돕는 담당자가 되는 것이 좋은 세계의 하나'라는 사실을 알았습니다. 이 팀원에게 영업 순위나 실적은 바라는 바를 이루는 데 꼭 필요한 동기는 아니었습니다.

이후 필자는 이 팀원의 욕구 균형과 좋은 세계를 이해하고 "고객을 돕는 데 필요한 서비스는 무엇일까요?", "더 많은 고객에게 고맙다는 말을 듣고 싶다면 어떤 전문성이 있어야 할까요?", "고객이 볼 때 뛰어난 담당자라면 자랑스럽지 않나요?" 등의 조언과 격려로 대했습니다. 그 결과 이 팀원은 1위를 달성할 수 있었습니다.

요컨대 욕구 만족 방법은 사람마다 다릅니다.

팀장은 팀원 각각의 좋은 세계를 부정하거나 방해해서는 안 된다는 사실이 중요합니다.

그런 식으로 대하다 보면 어느 순간 팀장은 미움을 받습니다. 한번 **미움을 받기 시작한 팀장은 그 팀원의 좋은 세계 안에 들어가기 어렵습니다.**

업무에서도 팀장의 지시에 귀를 기울이지 않거나 듣더라도 적극적으로 일을 처리하지 않곤 합니다.

진정으로 현명한 팀장은 이를 잘 이해합니다.

팀원 각각의 좋은 세계와 욕구 균형을 파악하고 외면하기는커녕 오히려 이를 만족하는 방법을 함께 찾으려 하므로 팀원은 팀장을 자기 좋은 세계의 일부로 받아들입니다.

이렇게만 되면 업무 지시와 그 실행 흐름을 가로막았던 둑이 무너집니다.

==욕구 균형 평가 점수를 달리 표현하면 개성==이라 할 수 있습니다. 그러므로 개성을 존중하면서 팀원에게 다가가 욕구를 만족하도록 대하는 것이 얼마나 중요한지를 알 수 있습니다. 이것이 매니지먼트 기술입니다.

기본 욕구 검사를 이용하여 간단하게 경향 파악하기

이런 관찰이 불가능한 환경이거나 평가를 점수화하기 어렵다면 전용 검사 사이트를 활용해도 좋습니다.

참고 차원에서 필자가 근무하는 어치브먼트의 검사 사이트를 소개합니다. 어치브먼트가 제공하는 '5가지 기본 욕구 검사'를 이용하면 225개 질문에 대답하기만 해도 15개 세부 요소까지 자세한 분석 결과를 얻을 수 있습니다.

2007년 시작 이래 2만 명 이상이 이용했으며 정밀도를 향상하고자 지금도 끊임없이 노력하고 있습니다.

사용 방법은 간단합니다. 유료 회원으로 등록하고 객관식(마크 시트 방식) 225개 문항에 대답하기만 하면 완료입니다. 영어나 일본어로 검사를 진행할 수 있으며 결과는 PDF 파일이나 JPEG 이미지 파일로 저장하거나 인쇄할 수 있습니다.

URL과 QR 코드를 함께 실으니 관심이 있다면 한번 이용해 보기 바랍니다. (편집주: 일본어로 작성된 원문인 점을 양해 부탁드립니다.)

https://bnt-web.achievement.co.jp/about

어떤 방법이든 욕구 균형 평가 점수를 알았다면 이를 바탕으로 팀장과 팀원 면담을 진행합니다.

이렇게 하면 상대를 더 깊이 이해할 수 있습니다. 욕구 균형이 왜 그런 형태인지, 그 배경에는 무엇이 있는지를 아는 기회가 되기 때문입니다.

이는 마치 건강검진 결과 차트를 바탕으로 의사와 피검진자가 면담하는 모습과 비슷합니다. 의사가 피검진자의 건강을 보살피듯이 팀장은 팀원 성장을 어떻게 보살필지 그 방법을 찾는 계기로 삼으세요.

팀장 자신의 좋은 세계에 팀원 포함하기

팀원의 좋은 세계를 알고 그 일부가 되고자 할 때 첫걸음을 내딛어야 하는 쪽은 팀장입니다. 느닷없이 팀원을 알고자 하고, 대하려 하기보다는 '팀원에게 흥미를 느끼는 것'부터 시작하세요.

팀원이 팀장을 자신의 좋은 세계에 '포함시켜 줄지 말지'는, 도무지 알 수 없기 때문입니다.

여러분에게도 상사와 동료가 있을 겁니다.

그 사람 모두가 여러분의 좋은 세계 안에 있나요? 아마도 그렇지는 않을 겁니다. 아무리 해도 좋아지지 않는 사람도 있고 그중에는 이유 없이 싫은 사람도 있을 겁니다.

자신도 그럴진대 "모든 사람을 여러분의 좋은 세계에 넣어 주세요."라고 부탁한다면 대부분 거절할 겁니다.

마찬가지로 여러분을 자신의 좋은 세계에 넣을지 말지는 각 팀원이 스스로 판단합니다.

그리고 팀장인 여러분은 이를 통제할 수 없습니다.

필자 역시 아무리 노력해도 팀원의 좋은 세계에 들어가지 못한 경험이 있습니다. 이런 직원 중에는 다른 부서로 이동하거나 결국 회사를 그만둔 사람도 있습니다.

이러한 개인의 싫고 좋음을 팀장이 고민할 필요는 없습니다. 통제할 수 없는 일에 스트레스 받지 말 것, 이 역시 자기를 관리하는 방법의 하나가 아닐까요?

오히려 팀장 자신의 좋은 세계 안에 팀원을 넣도록 노력해야 합니다.

이때 필요한 행동이 상대에게 관심 두기입니다.

지금 여러분 팀에 있는 부하 팀원 중에는 '일을 왜 하는지'가 분명하지 않거나 그저 먹고 살고자 일하는 사람이 있을지도 모릅니다.

그러나 어차피 하는 일이라면 그 시간을 즐겁고 의미 있게 보내며 자기 성장으로 이어지도록 하고 싶을 겁니다. 여러분이 이렇게 생각하듯이 팀원 역시 속마음은 마찬가지입니다.

그러기에 팀장은 업무, 직장, 팀장 자신을 포함한 '일'이 팀원의 좋은 세계 일부가 되도록 대해야 합니다. 이것이 출발입니다.

이와 더불어 통제할 수 없는 일에는 너무 매달리지 마세요. 이 균형이 중요합니다.

"사람에겐 관심이 없어요."가 입버릇이었던 필자

이 장 마지막으로 한 가지 더, 제 과거 실패담을 고백하고자 합니다.

지금까지 잘난 듯 "팀원에게 관심을 두세요."라고 말했지만 솔직히 이야기하면 부하에게 관심을 전혀 두지 않았던 팀장이 바로 저였습니다.

실무형 팀장 1년차일 때였습니다. 그 당시 가장 흥미를 느꼈던 것은 '성과를 내는 일'이었습니다. 팀원에게 전혀 관심이 없지는 않았지만,

목표 달성이나 조직의 책임을 다하는 데 관심을 더 두었던 겁니다.

그러나 실제로는 팀원으로서도, 팀장으로서도 성과를 내지 못했습니다.
팀원의 성장 과정이나 입사 목적, 취미를 포함한 사생활 등에는 전혀 관심을 두지 않았고 묻지도 않았습니다. '그건 아무래도 좋으니 어쨌든 성과만 내자.'라는 사고방식이었죠.
상대와 면담을 하더라도 "그렇군요."라며 맞장구를 칠 뿐, 내용에는 전혀 귀를 기울이지 않았습니다. 상대방의 말이 끝나면 '자, 이번엔 내가 말할 차례야.'라는 태도였습니다.

그런 필자에게 언제부턴가 팀원이 다음처럼 말하기 시작했습니다.
"저한텐 전혀 관심이 없으시죠?", "제 말을 듣고 계신가요?"
이런 일이 거듭되자 결국 팀원은 마음에 상처를 받고 목표도 달성하지 못한 채 다른 부서로 이동하거나 "능력이 부족해서 죄송합니다."라 말하며 자신감을 잃곤 했습니다. 심지어 다른 직장으로 옮기는 사람도 끊이지 않았습니다.
그럼에도 반성은 없었습니다. '그런 소리를 들으려 한 건 아니었는데……'라며 고민은 했지만 정작 반성은 안 했던 겁니다.
당시 필자의 머릿속은 '팀원을 변하도록 하려면 어떻게 하지? 이 팀원으로 어떻게 조직의 목표를 달성할 수 있을까?'라는 생각뿐이었습니다.

그런 필자도 '시작하며'에서 이야기했던 상사를 만나면서 변하기 시작했습니다.
지금 여러분은 어떤가요?
당시 필자의 잘못을 되풀이하고 있지는 않나요?
그때 만난 상사의 조언 덕분에 바뀐 것처럼 필자도 이 책을 통해 여러분이 변화하고 성장하는 데 도움이 되고 싶습니다.

다음 장부터는 좀 더 깊이 리드 매니지먼트를 살펴볼 텐데, 그 기본은 모두 이 장에서 다룬 내용입니다. 다음 단계로 넘어가기 전 이 장의 내용을 체크리스트로 한 번 더 정리해 보세요.

1코스 체크리스트

- [ ] '무엇을 위해', '누구를 위해', '왜'라는 목적을 바탕으로 미래를 제시한다.
- [ ] 팀원의 좋은 세계에 관심을 둔다.
- [ ] 앞장서서 성과를 올리고 존경을 얻는다.
- [ ] (속말과 겉말이 다른) 이중 메시지를 전달하지 않는다.
- [ ] '팀원은 능력이 뛰어나다.'라고 생각한다.
- [ ] 팀원의 5가지 욕구 균형을 만족할 수 있도록 보살핀다.

column 다음 팀장을 기르는 것도 팀장의 일

제1코스의 리더십 기술을 실천하여 팀원의 좋은 세계에 잘 속하게 된다면, 팀장은 존경받고 신뢰도 얻게 됩니다.

그러나 너무 앞서 나가면 함정에 빠질 수도 있으니 조심하세요.

팀원이 자신을 존경하고 신뢰하며 흔쾌히 지시를 받아들여 성과를 올리는 환경에서 팀장은 무척 기분이 좋을 겁니다.

다만, 이렇게 '특정 팀장만을 위해 노력하는 팀원'만 늘면 장기적으로 볼 때 결국 벽에 부닥치게 됩니다.

이는 팀장에게 너무 의존하기 때문입니다. 팀장의 칭찬이 동기가 되거나, 거꾸로 칭찬을 듣지 못하면 의기소침해지고 능률 역시 들쭉날쭉해지게 됩니다.

팀장과 팀원의 의존관계는 선순환으로 작용하기 쉬우나 그만큼 위험합니다. 팀장이 볼 때는 자신을 좋아하고 지시를 잘 따르고 팀으로서 성과도 냅니다. 팀원이 볼 때는 윗사람이 인정하고 성과도 내고 칭찬도 듣습니다. 서로 윈-윈(win-win)인 선순환 팀을 이룬 것입니다.

그러나 이런 상태에서 팀장이 이동하거나 팀원이 이동하는 등 환경이 달라지면 팀이 올바르게 기능하지 않을 수도 있습니다.

그러므로 팀원을 기르면서 동시에 팀장은 "언젠가 당신도 팀장으로서 자신만의 조직을 맡게 돼. 이를 전제로 자신의 목적·목표를 명확히 해야 장기적인 성장으로 이어지고 성과도 나올 거야."라는 말과 함께 어느 정도 거리를 둘 필요가 있습니다. 이를 "육성 시간 축을 늘인다."라고 표현합니다.

지금 함께 있는 팀원 역시 언젠가 성장하여 누군가의 상사가 됩니다. 또는 다른 부서로 옮겨 새로운 팀장 아래에서 일하기도 합니다.

이처럼 둥지를 떠날 때를 준비하여 자립할 수 있는 인재를 기릅시다. 팀원 자신이 목적·목표를 세우고 팀장은 이를 달성하도록 도와야 합니다.

이렇게 자립한 팀원은 나중에 팀장이 되었을 때 자신 못지않은 좋은 인재를 기를 수 있습니다. 목적·목표는 다음 장에서 살펴보므로 우선은 이것부터 명심하세요.

어느 건축 현장에 세 사람의 석공이 열심히 돌을 쌓고 있었습니다.

석공 모두에게 "무슨 일을 하는 중이죠?"라고 물었더니

첫 번째 석공은 "일은 무슨, 먹고 살려면 어쩔 수 없죠."라고 대답했습니다.

두 번째 석공은 "이 나라 최고의 석공만이 할 수 있는 일이지요."라며 잠시도 일을 쉬지 않은 채 대꾸했습니다.

세 번째 석공은 "내일을 위해 대성당을 짓고 있죠."라며 반짝이는 눈으로 하늘을 우러러보며 꿈꾸듯이 말했습니다.

굳이 설명할 필요도 없지만, 석공 세 사람의 목표는 모두 똑같이 '돌을 쌓아 건물 짓기'입니다. 그러나 각각의 목적은 다릅니다.

(중략)

세 번째 석공에게는 "혼자서는 할 수 없는 일을 조직의 힘을 빌려 이룬다."라는 이타적인 목적 또한 있습니다.

리드 매니지먼트에서 팀장이 바라는 바는 '세 번째 석공'같은 팀원을 기르는 것입니다.

제 2 코스

매니지먼트의 두 바퀴를 책임지는

개인 성장 지원 기술

자립한 팀원을 기르려면 팀장이 해야 할 일

리드 매니지먼트를 실천하는 두 번째 기술은 **개인 성장 지원 기술**입니다.

제1코스의 리더십 기술을 꾸준히 적용하면 팀장은 팀원의 좋은 세계에 속할 수 있습니다.

그러나 지금은 뷰카$_{VUCA}$ 시대입니다. 팀장이 하향식으로 지시하는 매니지먼트만으로는 다양한 변화를 제때 따라잡을 수 없습니다.

(옮긴이: 뷰카$_{VUCA}$란 변동성$_{Volatile}$, 불확실성$_{Uncertainty}$, 복잡성$_{Complexity}$, 모호성$_{Ambiguity}$의 머리글자로 만든 말로, 불확실한 미래를 뜻합니다. (출처: 연합인포맥스))

게다가 앞서, 제1코스 칼럼에서도 살펴봤듯이 팀원이 팀장에게만 의존하게 되므로 팀장 지시 없이는 움직이지 않는 '지시 대기 인간'에 머물러 버립니다.

이렇게 되면 점점 팀장의 능력이 곧 조직의 한계가 되어 넘지 못하게 되고, 무엇보다도 팀원이 성장하지 못합니다.

이럴 때 팀원 스스로 생각하고 행동하고 자립하여 성장하는 상태로 이끌려면, 이 장에서 설명할 단계를 잘 밟아야 합니다.

달성형 조직을 만드는 데 필요한 '왼손과 오른손'

서장에서 매니지먼트란 "사람을 매개로 일하는 기술"이라 했습니다.

여기서 한 발 더 나가면 매니지먼트란 "팀원의 목적·목표 달성을 통해 팀이나 조직의 목적·목표를 달성하는 기술"이라 할 수 있습니다.

팀이나 조직에는 2가지 패턴이 있습니다. 바로 달성형과 미달성형입니다.

미달성형 조직은 리더인 팀장이 의욕을 앞세워 "이거 할 겁니다. 저거 할 겁니다." 등을 지시·전달하고, 열정적으로 이를 이끌려 합니다.

강하게 팀을 이끄는 듯 보이나 팀원 한 사람 한 사람의 목적·목표는 애매합니다. 주체가 팀장이다 보니 팀장이 이끄는 대로만 움직입니다.

이와 달리 달성형 조직에서는 팀원이 주체입니다. 팀원 각각의 목적·목표가 명확하고, 팀장은 이를 달성하도록 돕는 역할을 합니다.

그 결과 조직 전체의 퍼포먼스는 높아집니다.

달성형 조직과 미달성형 조직의 차이

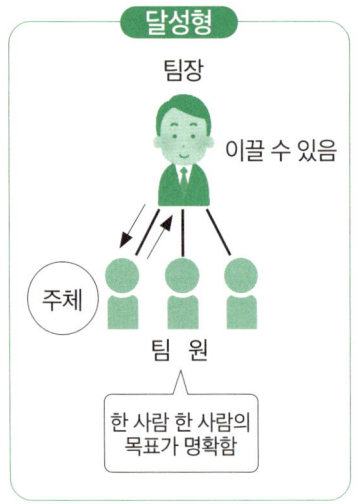
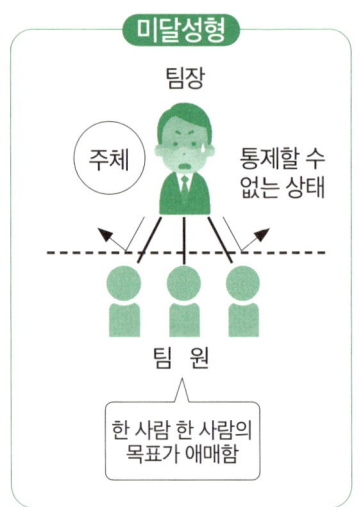

리드 매니지먼트가 바라는 조직은 달성형 조직입니다.

달성형 조직을 만들려면 각 팀원의 목적·목표를 분명히 밝히고 이를 달성하도록 이끌어야 합니다. "왜 사는가?", "일은 왜 하는가?"를 명확히 하여 이를 바탕으로 삶의 방식과 일하는 법을 찾도록 돕는 겁니다.

리드 매니지먼트에서는 이를 '왼손과 오른손'에 비유합니다.

왼손은 목적·목표를 나타내고 **오른손은 행동**을 뜻합니다. 여기서는 순서가 중요한데, 먼저 '왼손'을 명확히 하고 이 왼손을 달성하고자 적절하게 '오른손'을 실천해야 합니다.

오른손 행동은 다시 2가지로 나눌 수 있습니다. 한 가지는 시간 활용 방법이고 또 한 가지는 돈 소비 방법입니다. 팀원 스스로 목적·목표를 명확히 하고 달성에 효과적인 오른손 행동(시간 활용과 돈 소비 방법)을 선택할 수 있도록 돕는 것이 바로 개인 성장 지원 기술입니다.

그리고 왼손과 오른손을 부딪쳐 "짝" 소리가 난다면 이는 목적·목표를 향해 올바로 행동하고 있다는 것을 의미합니다. 즉, 목표 달성을 나타냅니다.

이와 달리 소리가 나지 않는 상태라면 목표 미달성을 뜻합니다.

'성장을 지원한다.'란 곧 왼손과 오른손을 부딪쳤을 때 소리가 나는 팀원을 육성하는 일입니다.

그러므로 팀장은 "알아서 일하면 돼."가 아니라 "이대로는 목적·목표를 달성할 수 없을 듯하니 이런 관점에서 이렇게 행동하면 어떨까?"라며 팀원의 능력을 최대로 이끌어내야 합니다.

이때 대부분 팀장은 '팀장 자신이 바라는 일'을 지시하곤 하나 이보다는 팀원 자신의 목적·목표를 팀원 스스로 달성할 수 있도록 안내하고 조언해야 합니다.

세 명의 석공 이야기로 바라본 목적과 목표

그러면 한 단계씩 살펴봅시다.

애당초 목적·목표란 무엇일까요?

목적이란 목표의 상위 개념입니다. 그리고 목표는 목적의 하위 개념입니다. 이 위치 관계는 "목적을 이루고자 목표를 달성한다. 목표 달성을 통해 목적을 이룬다." 등으로 표현합니다.

목표는 '수치나 정해진 날짜가 있는 것'을 말합니다. 부서나 팀원에 따라 다르겠지만, 팀이나 조직에서는 일반적으로 각 팀원이 달성하도록 부과한 숫자나 마감일을 뜻합니다.

그러나 사람은 목표만으로는 움직이지 않습니다.

자동차 내비게이션은 목적지를 입력하면 현재 위치를 확인하고 목적지에서 역산하여 알아서 경로를 안내합니다.

그러나 사람은 다릅니다. 단순히 "이번 달 매출 ○○원을 달성한다.", "이 기획서를 다음 달 말까지 제출하고 결재를 받는다."라는 목표만으로는 움직이지 않는 사람도 있습니다. 사람을 움직이려면 무엇보다도 목적이 필요합니다.

<u>목적은 "무엇을 위해, 누구를 위해, 왜 이것을 하는가?"와 같은, 목표를 달성하는 데 필요한 동기</u> 부분입니다. 리드 매니지먼트에서도 목적에는 적극적으로 관여합니다.

그리고 팀원 개인의 목적과 팀 또는 조직의 목적이 일치하도록 도와야 합니다.

목적·목표를 알기 쉽게 설명하고자 경영의 대가인 피터 F. 드러커_{Peter F. Drucker}가 쓴 책 『피터 드러커 매니지먼트』에 등장하는 '세 명의 석공(세 명의 벽돌장인)' 이야기를 소개합니다.

어느 건축 현장에 세 사람의 석공이 열심히 돌을 쌓고 있었습니다.
석공 모두에게 "무슨 일을 하는 중이죠?"라고 물었더니
첫 번째 석공은 "일은 무슨, 먹고 살려면 어쩔 수 없죠."라고 대답했습니다.
두 번째 석공은 "이 나라 최고의 석공만이 할 수 있는 일이지요."라며 잠시도 일을 쉬지 않은 채 대꾸했습니다.
세 번째 석공은 "내일을 위해 대성당을 짓고 있죠."라며 반짝이는 눈으로 하늘을 우러러보며 꿈꾸듯이 말했습니다.

굳이 설명할 필요도 없지만, 석공 세 사람의 목표는 모두 똑같이 '돌을 쌓아 건물 짓기'입니다. 그러나 각각의 목적은 다릅니다.

각각의 목적이 좋은지 나쁜지를 판단할 수는 없습니다. '생계를 위해서'라는 첫 번째 석공의 목적 역시 가족을 부양하고 자식이 좋은 교육을 받을 수 있도록 하며 배우자를 기쁘게 하려는 의도이므로 훌륭합니다.

그러나 리드 매니지먼트가 되려면 '이 조직에서, 이 팀에서 해야 할 이유'가 분명해야 합니다. 첫 번째와 두 번째 석공은 이 조직, 이 팀이 아니더라도 더 높은 보수를 주고 더 많은 기술을 배울 수 있는 곳이라면 어디든 일할 수 있습니다.

이와 달리 세 번째 석공에게는 "혼자서는 할 수 없는 일을 조직의 힘을 빌려 이룬다."라는 이타적인 목적 또한 있습니다.

==리드 매니지먼트에서 팀장이 바라는 바는 '세 번째 석공' 같은 팀원을 기르는 것입니다.== 그러려면 "무엇을 언제까지 해야 한다."라는 목표를 달성하는 데 바탕이 되는 '무엇을 위해?'라는 질문에 팀원 스스로 생각하고 답할 수 있어야 합니다.

목적을 명확히 하고자 팀장이 해야 할 일

그러나 팀원이 목적을 고민한다고 해서 "당신이 일하는 목적은 뭔가?", "당신은 장래에 뭐가 되고 싶나?"라는 팀장의 물음에 눈이 번쩍 뜨일 만한 답을 내놓을 가능성은 작습니다.

"당신은 장래에 뭐가 되고 싶나?"는 개방형 질문 open question 이라 부르는 물음으로, 대답의 폭이 매우 넓습니다. 명확한 목적·목표가 없는 사람이라면 대답을 주저합니다.

필자는 이전에 이 막연한 질문을 거듭 묻는 바람에 실패한 경험이 있습니다.

일할 동기도 생기지 않고 명확한 목적이나 목표도 없는 한 팀원이 있었습니다. 필자는 이 팀원의 목적을 조금이나마 명확히 하고자 면담에서 "앞으로 어떻게 할 건가?", "솔직히 뭘 하고 싶나?" 등의 질문을 거듭했습니다.

그러나 애당초 이 팀원은 일하는 목적이 애매했습니다.

이런 팀원에게 "뭘 하고 싶어?"라고 자꾸 묻는다면 당사자는 괴로울 겁니다.

"모르니까 답을 못 하겠습니다."라며 오히려 자신감을 잃는 면담이 되고 말았습니다.

지금 생각하면 고만고만하고 뻔한 질문만 거듭했던 것이 문제였습니다. 질문 외에도 팀원의 목적·목표를 명확히 하도록 돕는 방법은 다양하다는 사실을 그때는 몰랐던 거죠.

이 세상에는 원하는 바가 모호한 사람이 95%에 이른다는 조사도 있습니다.
그러므로 애당초 목적이 명확하지 않은 사람이 더 많다는 사실을 염두에 두고 팀원을 대하도록 합시다.

그러면 도대체 어떻게 대해야 할까요?

이럴 때 적용해 볼 수 있는 몇 가지 방법을 소개합니다.

❶ **팀장 자신의 목적을 먼저 드러내기**

처음부터 질문만 하면 상대는 조사받는 듯한 느낌이 들어 오히려 두려워하거나 마음을 닫기도 합니다.

우선 팀장이 나서 "어떤 목적으로 일하는가?", "이 일을 어떻게 바라보는가?", "왜 이 회사를 선택했으며 무엇을 하고 싶은가?" 등의 질문에 대해 자신을 먼저 드러내는 편이 좋습니다.

예를 들어, 필자는 팀원에게 어치브먼트에 입사하여 지금까지 계속 일하는 이유를 이렇게 밝혔습니다.

저는 토야마현 산골 마을 농가 출신으로 양계장을 운영했던 집에서 태어났어요. 사람 보기도 드문 시골로, 고등학교 등교에만 1시간 30분이 걸렸죠.
초등학교와 중학교 시절에는 괴롭힘을 당하기도 했어요. 공부나 동아리 활동에는 열심이었으나 가능한 한 괴롭힘을 당하지 않으려고 튀지 않게 조용히 지냈던 시간이 길었다고 기억합니다.
그러다가 무엇을 하며 살지, 무엇을 위해 공부할지 등의 목적도 없이 대학생이 되었어요.

구직 활동을 하다 우연히 어치브먼트를 만나 선발 과정 동안 '인생의 목적·목표를 명확히 하는 방법', '역산하여 인생을 설계하는 방법', '양호한 인간관계를 쌓는 방법' 등을 배우고 충격을 받았죠.
'이게 교육 표준이 된다면 더 많은 사람이 주체적으로 자신의 삶을 살 수 있겠는데?'

'아직은 작은 벤처 기업이지만, 앞으로 많은 가치를 생산하는 꼭 필요한 기업이 될 듯해.'

이 생각과 함께 입사를 결정하고 지금까지 일하고 있어요.

지금은 결혼해서 아이도 있습니다. 부모가 되니 '장래 아이들이 사회에 나왔을 때 리드 매니지먼트를 배운 경영자나 상사가 있는 회사에서 일하면 좋을 텐데.', '나를 비롯한 많은 수강생 역시 아이가 있고 마찬가지로 아이의 장래를 걱정할 테니 리드 매니지먼트를 널리 전파하는 일은 매우 중요해.'라고 진심으로 생각하며 매일 열심히 일하고 있어요.

이러한 경험이나 생각을 직접 밝히면 똑같지는 않겠지만 팀원 역시 무언가 공감하는 부분을 말하거나 자신의 처지를 대입하여 이야기하기도 합니다. 이런 상태에서 팀원의 입사 동기를 묻는다면 갑작스럽게 질문했을 때보다는 더 답하기 쉬운 분위기를 만들 수 있을 겁니다.

❷ **목적이나 바라는 바를 명확히 하는 다양한 질문**

단순히 "뭐가 되고 싶어?"라고만 묻는 것은 팀장 머릿속에 있는 질문이 다양하지 않기 때문일 수도 있습니다.

이와 달리 과거 자기표현 경험이나 고객, 동료, 회사에 관해 어떻게 생각하는지를 묻는다면 팀원이 숨긴 생각을 끌어낼 수도 있습니다.

- 지금까지 인생에서 가장 충실했던 때는 언제였나요?
- 왜 그때가 충실했다고 생각하나요?
- 그 경험을 회사에서도 얻을 수 있다면 어떨까요?
- 회사에서 충실감을 얻으려면 어떤 상태가 이상적일까요?
- 후배가 생긴다면 어떻게 돕고 싶어요?
- 팀 동료나 팀 전체에 어떻게 공헌하고 싶나요?

앞과 같은 질문이나 과거 경험 등 다른 사람에 관한 생각을 묻는 데서 출발하면 효과적입니다.

서둘러 목적이나 목표를 명확히 하려 말고 여유를 갖고 이야기를 듣는 것도 중요합니다.

팀원은 진심으로 이야기를 들으려는 자세에 신뢰를 느끼고 이제까지는 표현한 적 없는 자신만의 소망이나 회사와 업무에 관한 생각 등을 조금씩 드러내기도 합니다.

팀원이 바라는 바를 밝혔다면 그 소망을 실현하고자 '팀원 자신이 어떻게 성장하고 도전해야 좋을지?'까지 모두 이야기하도록 합시다. 이렇게 하면 자발적으로 일하는 자세로 이어집니다.

❸ 목적이나 소망을 구체화하는 현장 동행 지도

팀원의 목적·목표를 명확히 하는 방법은 일대일 면담만이 전부가 아닙니다. 팀원 육성으로 이어지는 더 좋은 방법은 '현장 동행 지도'입니다.

사람은 모르는 내용을 꿈꾸지는 않습니다. 야구 경기를 한 번도 본 적 없는 아이가 "커서 오타니 선수처럼 되고 싶어."라고 소망하지는 않습니다.
그러므로 팀장은 일의 매력이나 가치를 그 현장에서 함께 하며 전하는 것이 이상적입니다.
구체적으로는 팀장이 일하는 모습을 참관한다든가, 고객이 고마움을 전하는 자리에 함께한다든가, 다른 부서와 팀을 꾸려 협업할 때도 참석하도록 하는 등입니다.

예를 들어, 어치브먼트의 경우 평소 많은 고객이 강의를 수강하고 이에 만족하여 고마움의 말을 남깁니다. 또한 이후 성과를 냈다면, 그 사실을 알리고자 먼 걸음을 하거나 회사의 사업 계획 발표회에 초대하기도 합니다.
이러한 현장에 팀원과 함께하여 자사의 업무가 얼마나 많은 가치를 제공하고 고객이 기뻐하는 일인지를 알도록 합니다. 현장이나 실물을 직접 보면서 "일이 즐겁다.", "일의 의의와 가치를 느낀다." 등의 경험을 하면, 목적과 소망을 구체화할 수 있습니다.

이는 영업직뿐만 아니라 업무지원 부서도 마찬가지입니다.

"다른 부서에서도 고맙다는 말을 들을 정도의 전문가가 되고 싶어."라 느낄 만한 경험을 하거나, "이 일은 회사의 미래로 이어지는 중요한 일이야." 같이 의미를 부여할 수 있다면 바라는 바가 더 명확해집니다.

❹ 회사 업무와 제품을 좋아하는 사원의 이야기를 듣는 자리 마련하기

회사 안에는 업무나 제품이 좋아서 일을 즐기는 사원도 있습니다. 이러한 팀원을 특별 강사로 초빙하여 사내 강연을 열거나 사내 방송으로 메시지를 전달하거나, 그 팀원과 함께하는 소규모 식사 자리를 마련하는 것도 하나의 방법입니다.

이 선배 사원이 "왜 이렇게까지 회사 업무와 제품을 좋아하는가?"를 직접 듣는다면 그 자체로 좋은 정보 제공이며, 팀원이 바라는 바를 명확히 하는 계기가 될 수도 있습니다.

❺ 역사 이야기하기

목적이나 바라는 바가 애매한 사람은 주변의 다양한 일에 고마움을 느끼지 못하고 무엇이든 당연하다고 여기기도 합니다. 이런 팀원은 회사의 역사나 제품이 생겨난 배경 등을 잘 알지 못할 때가 흔합니다. 이는 정보 부족 탓으로 일부러 그런 건 아닙니다.

이럴 때는 오랫동안 근무한 선배로부터 창업 시절 이야기나 자사 제품의 탄생 비화 또는 자사 서비스에 고마움을 느낀 고객의 이야기 등, 역사와 그 주변 이야기를 듣게 해도 효과적입니다.

❻ 기대 전하기

팀원 자신에게 명확한 목적·목표가 없더라도 팀장은 팀원을 잘 관찰하고 그 사람의 장점이나 적성과 재능을 올바르게 이해합니다. 그런 다음, 팀장은 팀원이 어떻게 성장하며 이 회사에서 어떻게 자기를 실현하면 좋을지를 설계합니다.
그리고 이 내용을 '기대'로서 전달합니다.

"당신에게 기대하는 것이 있는데 말해도 될까?"라고 먼저 운을 떼고 전하면 효과적입니다.
면담에서 직접 전해도 좋으나 내용을 정리했다면 사내 SNS나 채팅 등을 이용하여 글로 전달해도 좋습니다.

필자 역시 담당 임원이나·대표이사로부터 오랫동안 기대를 전달받았습니다.
"남을 지도하는 데 자질이 있어 보여요."
"장래 어치브먼트의 대표 강사로서 고객의 성과 달성을 위해 활약하리라고 기대해요."

이런 기대를 반복해서 듣다 보니, 당시에는 담당이 아니던 강사라는 업무와 경력이 어느새 바라는 바의 하나가 되었습니다.

이처럼 '양질의 정보 얻기'와 '가치 있는 경험'을 반복하면 바라는 바가 구체적인 모습을 띱니다. 필자는 이를 '소망 구체화하기'라고 부릅니다.
실제 업무 환경에서도 꼭 적용해 보세요.

팀 단위 덧셈이 아니라, 팀원 성장에서 역산하기

여기서 필자의 실패담 한 가지를 이야기하려 합니다.
이 책 처음에, 매니지먼트 암흑기 때 당시 상사로부터 충격적인 조언을 들었다고 했죠?
"하시모토 씨 팀을 보면 팀원이 마치 팀장이 두는 장기의 '말'처럼 보여요."
이미 이야기한 내용이므로 자세한 내용은 생략합니다만(11쪽 참고), 당시 필자는 팀원의 목적·목표를 달성하려 하기는커녕 "조직 목표를 위해 팀원이 있다."라고만 생각했습니다.

이 이야기를 계속하자면, 필자는 실무형 팀장으로서 팀 성과를 내긴 했습니다.

예를 들어, 5명으로 이루어진 팀의 월별 팀 목표가 1억 원(인당 목표치는 2천만 원)이라고 합시다. 물론 각 목표치의 합계라면 팀원 각자가 인당 목표치를 달성하면 됩니다. 그런데 이때 A가 3천만 원으로 달성률 150%, B가 2천4백만 원으로 달성률 120%, C가 1천6백만 원으로 달성률 80%, D가 1천만 원으로 달성률 50%, E가 6천만 원으로 달성률 300%란 식으로, 달성률은 제각각이지만 합계가 1억 4천만 원이 되어 팀 목표 1억 원은 달성했다고 합시다.

목표가 최우선이었던 필자에게는 이 상태도 문제가 없었습니다.

팀 단위 덧셈만으로 팀을 운영

팀 목표 1억 원
(인당 목표치는 2천만 원)

A	B	C	D	E
이전 방식 유지 (도전하지 않음)		목표 미달		우연한 실적 달성 (성장하지 못함)
3000만 원	2400만 원	1600만 원	1000만 원	6000만 원

↓

1억 4000만 원
목표 달성!
(팀원은 성장하지 못함)

그러나 이를 본 상사는 다음과 같이 말했습니다.

"팀 목표는 달성했지만 C와 D는 그렇지 못합니다. A와 B도 이전 방식을 유지했을 뿐 새로운 방법을 도전하지는 않았네요. 심지어 E는 우연히 올린 실적이니 개인의 성장으로 이어지지도 않습니다. 달성하지 못한 사람, 도전하지 않은 사람, 성장하지 못한 사람이 있는데 팀 목표만 달성했다고 좋아할 일만은 아닌 듯한데요."

그리곤 결정적인 한마디를 덧붙입니다.

"하시모토 씨가 한 일은 '계산'뿐이에요. 숫자를 더하고 뺀 일 외에는 한 게 없으니까요. 팀원의 성장 관점에서 역산한 결과가 진정한 의미의 팀 실적일 텐데요. 그러니 팀원이 성장하지 않는 겁니다."

아무런 대답도 못 하고 멍하니 서 있을 수밖에 없었습니다.

목표를 달성해도 팀으로서는 왜 성장하지 못하는지를 고민하던 때에, 끽소리도 못 할 만큼 이를 정확히 지적하는 한마디는 너무 통렬했습니다.

당시 필자는 팀원의 목적·목표에 초점을 두지 않고 바라는 바를 명확히 하지도 않은 채 단지 자기 팀이 달성한 숫자만 세고 있었던 겁니다.

팀장이 정말로 해야 하는 일은 '팀원의 성장에서 역산하는 일'입니다. 상사는 바로 이 점을 지적했던 겁니다.

그때와 비교하면 지금은 팀을 올바르게 운영하고 있다고 생각하지만, 가능한 한 여러분은 필자와 같은 실패를 거듭하지 않기를 바라는 마음입니다.

성장에서 역산하는 과정을 빠뜨리면 목표를 달성하지 못했을 때 짜증과 조바심만 나고, 결국 팀원에게 상처를 주거나 심지어는 팀원이 그만두는 사태조차 벌어질 수 있습니다.

머릿속에 그렸던 성장 모습을 '기대' 형태로 전달하기

지금까지 팀원의 성장과 발전을 이야기했는데, 이와 더불어 팀장은 팀원이 어떻게 성장해야 그들의 미래로 이어질지도 설계해야 합니다.

그리고 이 내용을 '기대' 형태로 전달합니다.

앞서도 이야기했지만, "당신에게 기대하는 것이 있는데, 말해도 될까?"라고 먼저 운을 떼고 전하면 효과적입니다.

실무에서 의사소통뿐만 아니라 평소 의사소통에서도 성장에 초점을 두고 서로 대화하는 것이 중요하기 때문입니다.

예를 들어, "오늘은 4월 15일이네. 이번 달도 벌써 반이 지났는데, 어떤 성장을 하고자 하나?"라는 메시지를 보내거나 "이번에는 어떤 목표를 세웠나?"라고 묻는 것입니다.

물론, 팀이 팀원에게 기대하는 성과(=숫자) 역시 빼놓지 않습니다.

예를 들어, 필자가 근무하는 회사에서는 영업에서 "한 달에 6건의 계약을 체결하면 한 사람 몫"이라고 정의하는데, 마찬가지로 여러분의 팀이나 조직에서도 인사 평가로 이어지는 개별 목표가 있을 겁니다.

이 숫자나 마감일과 관련해서도 기대라는 형태로 전하도록 합시다.

목표 달성 과정에서 성장하기를 기대하기

단, 숫자를 목표로 전달할 때는 주의해야 합니다.

흔히 하는 실수로, 팀장이 원하는 목표를 하향식으로 지시하고는 "잘 할 걸로 믿어요."라는 말만 할 때를 들 수 있습니다.

중간관리직인 이상, 팀장 역시 상사로부터 팀 단위의 달성 목표를 전달받습니다. 이 목표를 각 팀원에게 할당하고 "잘할 걸로 믿어요."라며 목표 설정과 함께 전하는 자체는 문제없습니다.

그러나 이때는 "목표는 이렇습니다. 이뿐만 아니라 달성 과정에서 당신의 사고방식, 지식, 업무 기술 등도 함께 성장해야 합니다. 당신에게 기대하는 바는 이러이러한 성장입니다."라는 말도 반드시 전해야 합니다.

숫자와 업무를 할당하는 것만으로 끝내서는 안 됩니다.
"여러분이 성장을 이룬다면 회사에서 설정한 기준 목표도 이룰 수 있고, 이보다 훨씬 더 높은 목표를 설정할 수도 있습니다. 목표치를 밑도는 것은 바람직하지 않지만, 웃도는 것은 얼마든지 괜찮습니다."라는 사고방식이어야 합니다.

어디까지나 성장이 먼저이며, 이를 이루는 데 필요한 것이 숫자와 업무인 것입니다.

이 순서를 잊지 않고 의사소통하며 "자기에게 어떤 성장이 필요한지를 명확히 합시다."라고 전하여 팀원이 스스로 고민하도록 합니다.

목표를 설정해 전달할 때는, '목표를 달성하는 과정에서 팀원이 성장하리란 것', 이를 바탕으로 '각자의 목표를 달성하기 바란다는 기대도 함께 전하는 것', 2가지를 꼭 기억하세요.

팀원 자신을 바꿀 수 있는 건 자기 평가뿐

이제 팀원 성장을 지원할 때 특히 중요한 '자기 평가'와 '피드백'을 살펴보겠습니다.

먼저 '자기 평가'부터 알아볼까요?

팀장 중에는 "이건 할 수 있으니까 됐지만, 이건 못 하니 문제네.", "당신은 우수해, 당신은 부족해." 같은 식으로, 팀원 자신이 아닌 다른 사람의 평가에 의해 상대가 바뀌기를 바라는 사람이 있습니다. 그러나 이렇게 해서는 사람은 변하지 않습니다.

리드 매니지먼트의 믿음인 "사람은 바꿀 수 없다. 그러나 사람은 변한다."에서 잘 드러나듯이 사람이 바뀌려면 외부 자극이 아닌, 내부 동기에 따라 스스로 달라져야 하니까요.

그러려면 팀원이 자신을 스스로 평가해야 합니다.

자신의 왼손(=목적·목표)과 오른손(=행동)을 평가하고, 차이가 나는 부분을 스스로 명확히 할 수 있다면 비로소 '차이를 메우고 싶은' 욕구가 생깁니다.

그러므로 팀장은 면담에서 반드시 "당신의 목표는 무엇인가요?"라는 왼손 확인 과정과 "이에 대해 지금은 어떤 상황인가요?"라는 오른손 확인 과정을 함께 진행해야 합니다.

그리고 이런 질문을 거듭하여 왼손과 오른손이 일치하도록 도와야 합니다.

팀원이 원할 때만 조언하기

정보를 제공할 때도 순서를 따라야 합니다.

팀원에게 "지난달은 부족한 점이 있었지, 이번 달은 이렇게 하는 게 좋겠어."처럼 다른 사람의 평가를 이용하여 조언이나 바른말을 전하면, 이를 실천하려 하지 않습니다. 결국 팀장은 '왜 내 충고를 실행하지 않느냐?'라는 뜻으로 받아들이게 될 수 있습니다.

그러므로 팀장은 팀원에게 "왼손과 오른손을 일치시키는 데 있어 조언이나 상담이 필요한 부분은 없나요?"라고 물어야 합니다. 팀원에게 즉시 답을 제시하기보다는 왼손과 오른손을 일치시키고자 팀원 스스로 정보를 원하는 상태로 만드는 겁니다.

왼손과 오른손의 차이를 메우려면 성장해야 합니다.

단, 어디까지나 주체는 팀원 자신입니다. 즉시 조언하고 싶은 마음을 가라앉히고 우선은 "당신은 어떻게 하고 싶어? 바라는 이상이 있나?"

라고 묻거나 명확한 답을 얻지 못할 때는 "내가 기대하는 바는 이렇다."라며 이쪽이 바라는 바를 전달합니다.

이 과정을 거치면, 팀원은 팀장이 제공한 정보를 받아들이고 실행으로 넘어갑니다.

목표 달성에 필요한 왼손과 오른손

왼손 — 당신의 목표는 무엇인가요? — 목적·목표 — 명확히 한다

오른손 — 지금은 어떤 상태인가요? — 행동 — 달성에 필요한 행동을 실천한다

차이를 메우고 싶음 → 딱 맞는지를 확인

팀장이 전하고 싶은 바가 부하에게 올바로 전해졌는지를 확인하는 방법은 간단합니다. 팀원의 행동이 어떻게 달라졌는지를 보면 됩니다. 행동이 달라졌다면 올바르게 전달된 것이고 달라지지 않았다면 전달되지 못한 것입니다. 이는 팀장이 전달하는 방식이 나쁘기 때문입니다.

책이나 역할 연기 등으로 제공한 정보도 좋다

팀장이 팀원에게 제공할 수 있는 정보는 다양합니다.

예를 들어, 지식이 부족하다면 참고할 도서를 소개해도 좋습니다.

미팅 약속을 잡는 데 서툴다면 역할 연기(롤플레잉)로 미팅 약속을 잡는 연습을 해봅시다. 이때 "예전에 이렇게 했더니 잘 됐는데, 이렇게 말해 보면 어때?"처럼 팀장의 성공 경험을 알려줘도 좋습니다.

이처럼 단순히 지식만 전달하기보다는 책이나 역할 연기 연습도 좋은 방법입니다.

단, 올바른 순서로 팀장이 전달하더라도 이를 실천할지 결정할 권한은 팀원에게 있다는 사실은 명심해야 합니다.

원하는 정보를 제공했음에도 실행에 옮기지 않는다면 팀장은 이를 납득할 수 없을지도 모르겠네요. 그러나 스스로 내면에서부터 깨닫지 못하면 행동으로 이어지지 않습니다.

상대에게 잘 전달되도록 팀장의 전달 방법을 개선하고 제공할 정보의 질도 높이도록 합시다.

피드백은 '바라는 성장에 관한 현재 정보를 제공'하는 것

이번에는 '피드백'을 자세히 살펴봅니다.

지금은 피드백feedback이라는 용어를 자연스럽게 쓰지만 원래 이 말은 군사 용어로, "이대로라면 목표 지점에서 얼마나 빗나가 폭탄이 떨어지는지를 사수에게 다시 알려주는 것"을 뜻합니다.

요컨대, "이대로 진행하면 예정대로 될지 안 될지의 정보를 제공"한다는 말입니다. 비즈니스에 이를 적용하면 이대로 가면 목표(=가고 싶은 곳)에 도착할 수 있을지 여부와 관련된 정보 제공이라 할 수 있습니다.

팀장이 팀원을 대상으로 제공하는 피드백이 바로 이에 해당합니다.

팀원 자신이 바라는 성장에 비추어 현재 상황을 정보로 제공합니다. "이대로 가면 목표 달성이 어려울 듯한데, 뭔가 도울 일은 없을까?"라며 상대에게 다가갑니다.

예를 들어, 지각이 잦은 팀원이 있다면 "또 지각이네. 계속 지각하면 주변 사람의 믿음을 얻는 팀장이 된다는 자신의 목표를 달성할 수 없을 거예요. 이 습관을 고치는 데 도움이 될 피드백을 줄게요."라고 전할 수도 있을 겁니다.

물론 듣기 싫은 소리를 해야 할 때도 있습니다.

예를 들어 "마감일까지 일을 끝내고 혼자만의 시간을 즐기고 싶어요."라 말하는 팀원이 있다고 합시다.

그러면서도 시간을 올바르게 사용하지 않는다면, "항상 바쁜 척하며 업무를 끝내지도 않고 서둘러 퇴근하곤 하는데, 그런 방식이면 일 생각 때문에 혼자만의 시간을 즐기지도 못해요. 어느 정도는 시간 사용 습관을 고치는 편이 좋겠어요."라고 지적하기도 해야 합니다.

부정 피드백이 성공하는 3가지 시점

피드백에는 2가지 종류가 있습니다.

첫 번째는 좋은 점을 전달하는 긍정 피드백 positive feedback 입니다.

상대방의 좋았던 점, 팀장은 흉내 낼 수 없는 대단한 점, 이번에 도움을 받은 부분 등 고마움을 말로 전달하는 것이 긍정 피드백입니다.

특히 구체성이 중요합니다. 뭐든지 인정하는 것이 아니라 "이런 행동으로 이렇게 좋은 영향을 주위에 끼쳤다.", "난 이렇게 느꼈다." 등 구체적으로 전달한다는 점이 중요합니다.

두 번째는 앞서 본 듣기 싫은 소리를 전달하는 부정 피드백 negative feedback 입니다.

해야 할 말을 하지 못하는 이른바 '선택 이론 소화 불량'(47쪽 참고)에 걸리면 좀처럼 실행하기 어렵지만, 이런 상황이라도 부정 피드백은 전달하여 팀원의 성장을 앞당기도록 합시다.

실천할 때는 다음 3가지를 꼭 알아두세요.

❶ 누가 말하는가?

첫 번째 알아야 할 점은 '누가' 피드백을 제공하는가입니다.

전혀 모르는 사람이거나 싫어하는 사람이라면 아무리 옳은 소리를 하더라도 귀를 기울일 마음은 들지 않을 겁니다.

그러므로 먼저 평소 좋은 인간관계를 쌓아 이 사람이 소망하는 좋은 세계에 속하도록 합시다. 제1코스에서 살펴본 '7가지 좋은 습관'을 지속적으로 실천하는 것이 핵심입니다.

그리고 피드백할 내용은 자기가 이미 실천한 것이어야 합니다.

예를 들어, 자주 지각하는 팀원에게 피드백할 때 팀장 역시 지각이 잦다면 이를 지적해도 팀원은 '그런 소리 할 자격이나 있나?'라고 생각할 겁니다.

팀원에게 피드백할 내용을 팀장이 솔선해서 실천했는지를 되돌아보세요. 그렇지 못하다면 팀장 자신을 고치는 것부터 시작합시다.

❷ 무엇을 말하는가?

두 번째, 전할 내용은 '현상 파악하기', '문제점 조정하기', '개선 계획 세우기'의 3단계로 나눌 수 있습니다.

상황, 행동, 발언, 주위에 미치는 영향 등 사실에 바탕을 두고 전달하는 것이 현상 파악입니다. 이때 전달 방법은 'I 메시지'입니다.
예를 들어, 팀원의 지각을 지적한다면 "오늘 예정한 미팅은 9시였는데, 10분이나 늦게 참석했네요. 이 때문에 다른 팀원들이 이미 이해한 요점을 당신에게 한 번 더 반복하고 설명하는 데 시간을 낭비했어요. 벌써 세 번째 지각인데, 팀장으로서 이를 지적하지 않을 수 없어요." 라고 전할 수 있습니다.

문제점 조정은 문제의 초점을 사람이 아니라 '사실'에 맞추는 단계입니다.
예를 들어, 고객 불만이 있다면 "누가 잘못한 거죠?"라고 말하기 쉬우나 이는 사람에게 초점을 두므로 '범인 찾기'처럼 들립니다.
그러지 말고 "고객이 불만을 느끼는 이유가 뭐죠?"라고 사실에 초점을 둡니다. 그러면 범인을 찾기보다는 문제 해결에 집중할 수 있습니다.

<mark>개선 계획 세우기는 같은 문제를 거듭하지 않도록 하는 방법을 마련</mark>하는 단계입니다.
'같은 문제가 생겼을 때 어떻게 할까?', '문제가 일어나기 전으로 돌아간다면 어떻게 행동할까?' 등을 고민하고 실수를 반복하지 않도록 합니다.

❸ 어떻게 말하는가?

마지막으로 상대를 배려하기보다는 할 말은 한다는 자세로 전해야 합니다.
단, 조심할 점이 있습니다.

첫 번째는 'I 메시지'입니다.
I 메시지로 전하면 주어가 '나'이므로 상대는 이를 부정할 수 없습니다.
이와 달리 "<mark>지각한 당신이 게으른 것이다.</mark>", "당신의 지각이 모두에<mark>게 폐를 끼쳤다.</mark>" 등 You 메시지라면, '게을러서 지각한 게 아니에요.', '<mark>모두에게 폐를 끼치진 않았어요.</mark>'라며 이를 부정할 겁니다.

"(나는) 잦은 지각이 유감스럽다.", "(나는) 당신이 지각을 거듭한다면 프로젝트팀을 함께 하기는 어렵겠다는 생각이 든다." 등 '나'를 주어로 하면 상대적으로 받아들이기 쉽습니다.

또 하나는 감정적이어서는 안 된다는 점입니다.
I 메시지라도 감정을 담는다면 상대에게는 그 감정만 전해지므로 비난처럼 들립니다. 전해야 할 메시지는 들리지 않습니다.
특히 감정적으로 되면 You 메시지가 되기 쉽습니다. '격한 감정 + 사실'보다는 '사람에게 맞춘 초점 + 비난'처럼 들리는 You 메시지 3가지가 공명 작용을 일으켜 더 큰 상처를 줄지도 모릅니다.

긍정 피드백과 마찬가지로 부정 피드백 역시 그리 어렵지는 않으나 신중하게 다루어야 합니다.
그러나 '누가', '무엇을', '어떻게'만 잘 이해하면 팀장으로서 말해야 하는 부정 피드백도 거부감 없이 전할 수 있습니다.
매니지먼트와 마찬가지로 피드백도 기술이므로 꼭 배워두세요.

2코스 체크리스트

- [ ] 팀원의 '왼손(=목적·목표)'과 '오른손(=행동)'이 일치하도록 돕는다.
- [ ] 팀장 자신이 일하는 목적을 먼저 밝힌다.
- [ ] 목적·목표를 명확히 하는 다양한 질문을 준비한다.
- [ ] 현장 동행 지도로 업무 의욕을 높인다.
- [ ] 회사와 제품의 역사를 돌아본다.
- [ ] 기대를 전한다.
- [ ] 팀 단위 덧셈이 아니라, '팀원의 성장으로부터 역산'을 한다.
- [ ] 피드백은 바라는 성장에 관한 현재 정보 제공이다.

column 고마운 마음에서 비롯하는 목적

이 장에서 살펴본 '왼손(=목적·목표)' 중 목적은 이타적인 내용으로 표현하는 것이 바람직합니다. 이타적인 목적은 고마운 마음에서 비롯할 때가 흔합니다.

이에 참고 수준이긴 하지만, 필자가 근무하는 어치브먼트가 실행하는 채용 방법을 잠시 설명하고자 합니다. 어치브먼트는 대졸자 공채든 경력 입사든 상관없이, 채용 과정에서 고마움의 가치관을 지니도록 노력합니다.

회사 설명회에서는 반드시 대표이사 또는 채용 책임자가 직접 어치브먼트의 목적과 비전을 발표합니다. 이에 공감하여 함께 목적을 달성하고 싶은 인재가 참여하도록 하는 '이념 공감형 채용' 방식입니다.

이와 함께 개인이 자기를 실현하는 장이 어치브먼트가 되기를 바라는 마음에서, 취업 준비생의 인생이나 일의 목적 의식도 명확히 해나가는 데 초점을 맞춰 2차 선발, 3차 선발 단계를 진행합니다.

어치브먼트가 펴낸 책이나 무료 학생 세미나 등을 통해 삶의 목적·목표를 명확히 하도록 돕습니다. 그리고 실제로 입사자 역시 목적을 달성하는 무대로 어울리는 곳이 이 회사라고 생각하게 됩니다.

이 채용 방식에서는 지원자를 '고객'으로 바라봅니다. 그들이 고객이기에 어치브먼트를 알게 되어 다행이라고 생각하도록 채용 과정에서도 가치를 제공하는 것입니다.

그 결과 "어치브먼트 덕분에 목적·목표를 생각하는 기회가 생겼어요.", "목적·목표를 명확히 할 수 있었어요.", "전달력 있는 프레젠테이션이나 리더십을 배우며 나름의 성장을 느꼈어요." 등의 의견을 듣습니다. 그 사람의 기술이나 지식을 확인하고 채용하는 방식이 아니므로, 지원자가 어치브먼트가 아닌 다른 회사를 선택하더라도 괜찮다고 생각합니다. 그러다 보니 많은 지원자가 고마움을 전하는 거겠죠.

이러한 '고마움의 채용'에는, 지금까지 어치브먼트에 지원해 준 많은 분께 당사가 느끼는 고마움이 깔려 있습니다. 이 고마움을 전함에 따라, 상대도 "나를 생각해 주는 좋은 회사"라는 고마움과 함께 입사하리라 기대하기 때문입니다.

여러분은 팀원에게 얼마나 '고마움'을 느끼나요? 평상시 어떤 말과 태도로 이 생각을 팀원에게 전하고 있나요? 책장을 넘기기 전에, 잠시 멈추고 되돌아보아도 좋겠습니다.

수질 관리 기술을 비유로 설명하자면 조직이나 기업을 '수조'로 보고 거기서 일하는 사람들을 '물고기'로 간주할 수 있습니다. 점포형 비즈니스에서라면 가게 자체가 수조가 되고, 거기서 일하는 팀원들이 물고기가 되는 셈이죠.

수질은 '조직문화'입니다. 적정한 수질이 아니면 물고기가 죽어버리듯이, 적정한 조직문화가 아니면 팀원 역시 부진에 빠져버리고 맙니다.

그러므로 팀장은 조직문화의 관리를 수행할 필요가 있는 것입니다.

제 **3** 코스

조직 퍼포먼스를 향상시키기 위한
수질(환경) 관리 기술

5인 이상을 하나로 묶는 관리 범위

경영학 용어에 '**관리 범위**Span of Control'란 것이 있습니다. **한 팀장이 직접 관리할 수 있는 부하의 적정 수는 5~8명**(10명이란 주장도 있음)이란 이야기이지요.

소수 인원일 때는 팀장의 눈이 말단까지 잘 닿아 있던 데 비해, 일정 인원을 넘어가면 오른팔/왼팔의 존재가 필요해지거나, 시간의 사용법을 바꾸는 등 매니지먼트의 힘이 들어가는 곳이 변화하게 됩니다.

사람이 둘 이상 모이면 조직이 됩니다. 그리고 팀원이 여럿이 되면 팀장와 팀원의 일대일 관계는 물론, 팀원끼리의 교류도 늘어납니다.

그러다 보면 팀원들 간 인간관계 갈등이 일어나기도 하고, 목소리가 큰 사람이나 발언권이 약한 사람이 나타나기도 하며, 팀의 규칙을 어기는 사람, 그것이 신경 쓰여도 말도 못 꺼내는 사람이 생기기도 합니다.

조직 특유의 문제나 팀장이 대응해야 할 사건이 늘어나면 필요한 관리 기술도 새로워지는 셈입니다.

원래 팀장에게는 **부하 직원 육성**과 **조직 퍼포먼스 향상**이라는 2가지 책임이 요구됩니다. 전자는 일대일 관리이며, 후자는 일대다 관리입니다.

부하 직원 육성에 대해서는 이전에 말씀드렸으니, 이제부터는 조직 퍼포먼스 향상을 위한 기술에 관한 이야기를 해보겠습니다.

여기서 중요한 것이 바로 이 장에서 말씀드리는 '수질 관리'입니다.

그 조직의 '수질', 즉 문화와 풍토, 당연한 기준을 통제하는 기술이 필요해지는 것입니다.

수질 관리는 조직문화를 관리하는 것

수조 이론이 있습니다.

수조를 떠올려봅시다. 수조 안에는 많은 물고기가 건강하게 헤엄치고 있습니다. 그런데 어느 날, 그중 한 마리의 상태가 이상합니다. 조금 기운이 없어진 것 같습니다.

여러분이라면 어떻게 할까요?

아마도 그 아픈 물고기를 일단 밖으로 꺼내어 치료와 관리를 하고 건강해지면 다시 원래의 수조로 돌려보낼 겁니다.

그런데 웬일인가요? 건강하게 회복하여 수조로 돌려보낸 물고기가 또 며칠 지나자 기운을 도로 잃어버렸습니다.

대체 이유가 뭘까요?

그렇습니다. "물이 더러워졌으니까."입니다.

처음 한 마리는 특히 면역이 약한 탓에 상태가 빨리 나빠졌을 뿐이고, 시간이 지나면 이 수조 안에 있는 다른 물고기들도 기운이 없어지고 금세 상태가 악화될 것입니다.

이 '물'을 **수질**(=조직의 문화, 풍토)이라고 말할 수 있습니다.

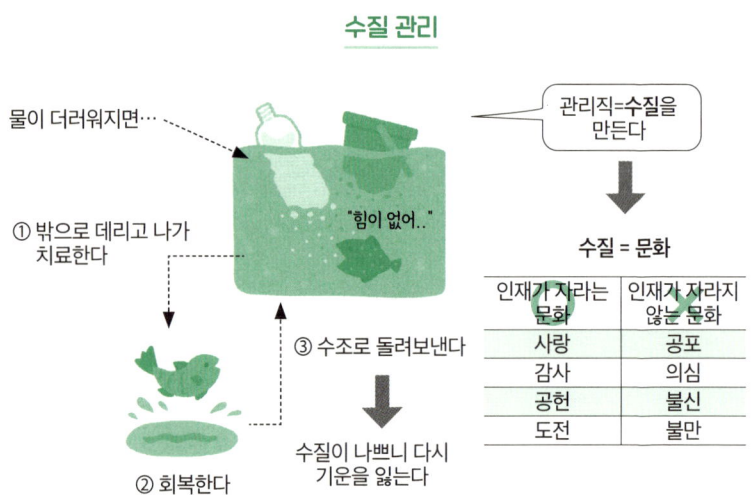

마찬가지로 팀장도 여러 명의 팀원을 하나로 모으기 위해서는 팀/조직의 '수질'에 착안해 관리하는 것이 중요합니다.

수질 관리 기술을 비유로 설명하자면 **조직이나 기업을 '수조'**로 보고 거기서 **일하는 사람들을 '물고기'**로 간주할 수 있습니다. 점포형 비즈니스에서라면 가게 자체가 수조가 되고 거기서 일하는 팀원들이 물고기가 되는 셈이죠.

수질은 '조직문화'입니다. 적정한 수질이 아니면 물고기가 죽어버리듯이, 적정한 조직문화가 아니면 팀원 역시 부진에 빠져버리고 맙니다.

그러므로 팀장은 조직문화의 관리를 수행할 필요가 있는 것입니다.

수질 관리 차원에서 '인재가 자라는 문화'를 조성하는 것이 궁극적 관리

조직문화란 그 조직에 상존하는, 눈에 보이지 않는 '당연한 기준'을 말합니다.

예를 들어, 어떤 조직에서는 출근하면 활기차게 "안녕하세요!"라 인사하는 것이 당연한 데 비해, 반대로 다른 조직에서는 서로 인사를 건네지 않는 것이 당연한 일이기도 합니다.

또 11시에 회의를 연다고 할 때 개회 시간 전에 전원 착석해 있는 것이 당연한 조직이 있는가 하면, 하나둘씩 슬슬 모여 10분쯤 늦게 시작하는 것이 당연한 조직도 있습니다.

쓰레기를 분리 배출하는 것이 당연한 조직이 있다면, 엉망진창으로 놓아두어도 상관없는 것이 당연한 조직도 있을 것입니다.

한 사람 한 사람이 마지막의 마지막까지 목표 달성을 위해 달리는 것이 당연한 조직이 있을지도, 어려울 것 같다고 생각하면 빠른 단계에서 포기하는 것이 당연한 조직이 있을지도 모릅니다.

그런 당연한 기준이 조직문화입니다. 기업문화라 바꿔 불러도 좋을 것입니다.

팀장에게 우선 부탁하고 싶은 일은 "여러분의 팀·조직·기업의 문화(=수질)가 현재 어떠한지"를 되돌아보는 것입니다.

수질은 규칙에 의해 정해진 것이 아닙니다.

가령 회의에서는 '잠자코 이야기를 들을 것', '전원이 적극적으로 의견을 교환할 것', '끝까지 목표 달성을 지향할 것' 등의 규칙이 정해져 있다고 해도 개개인의 성격이나 기질이 다른 이상, 어딘가에서 어긋남이 생겨 버립니다.

문화 만들기는 바로 "사람으로서 당연히 소중히 하는 편이 좋은 무엇"을 소중히 여기는 것에서부터 시작합니다.

시간을 지킨다, 인사를 한다, 쓰레기를 제대로 버린다…… 등을 비롯하여 여러 가지를 꼽을 수 있다고 생각합니다만, 이러한 문화는 규칙으로 삼기보다는 '사람으로서 소중히 하고 싶은 것'으로서 조직 속에 자연스럽게 뿌리내려 가는 편이 이상적입니다.

경영학자 피터 F. 드러커Peter F. Drucker가 남긴 말 중에 "문화는 전략을 아침 식사로 먹어 버린다Culture eats strategy for breakfast."가 있습니다. 의역하자면 "전략도 조직문화를 당해내지 못한다."란 뜻이지요.

아무리 뛰어난 전략이 있어도 그것을 실행하는 사람이나 조직의 사고나 행동, 습관이나 문화에 따라서 그 효과가 충분히 발휘되지 않는 경우가 있다는 이야기입니다.

이처럼 좋은 문화를 조성하여 조직의 수질을 좋게 유지하고, 최종적으로는 그곳에 '인재가 자라는 문화'가 생겨나는 것을 목표로 삼고 나아갑시다.

차례차례 사람이 들어오고 그 사람이 조직문화를 접했을 때, 성장과 도전을 선택하여 자라나는 팀이 만들어지면 어떨지 생각해 보세요.

그것이야말로 '궁극적 관리'라고 말할 수 있는 것입니다.

사람이 자라지 않는 문화를 인재가 자라는 문화로 바꾸는 2가지 방법

인재가 자라는 문화가 있으면, 사람이 자라지 않는 문화 또한 존재합니다.

사람이 자라지 않는 문화란 비방, 중상, 불평, 불만, 불신, 의심이 만연한 상태의 수질을 일컫습니다. 한마디로 말해 **'두려움'**이 생기는 조직입니다.

누군가가 무엇을 제안하든 "무리다", "못한다"는 발언이 난무합니다. "이걸 소중히 하자"고 말하면 "정말 그게 중요한가?"라는 비판의 소리가 높아지곤 합니다.

더욱이 서로 뒤에서 험담을 일삼으며, 그런 분위기에 따라 '저 사람은 날 어떻게 생각할까'라며 동료 한 사람 한 사람을 끝없이 의심하게 되고 '이걸 말하면 혼나지 않을까?' 하며 불안해하는 등, 조직 전체를 점차 '두려움'이 지배하게 되어 버립니다.

이래서는 사람이 자라지 않습니다.

설령 반짝반짝 빛나는 신입이더라도 그런 문화의 조직에 들어오면 바로 마음이 병들거나 수질에 아예 익숙해져서 똑같이 뒷담화하거나 타인을 부정하는 인간이 되어 버릴 것입니다.

반면 인재가 자라는 문화는 감사, 응원, 도전정신 등의 긍정적인 발언이나 태도가 많이 전면에 드러나 있는 상태의 수질입니다.

소속된 인원은 건설적이고 협력적이며, 서로를 존중하고 감사할 줄 압니다. 도전을 응원해 주는 자세가 있기 때문에 너나 할 것 없이 적극적으로 나서 행동하려는 분위기가 가득합니다.

두려움이 생기는 수질과 감사가 넘치는 수질, 어느 쪽이 사람을 자라게 할까요? 한 번만 읽어도 후자라는 것을 잘 아시겠지요. 그럼 수질을 좋게 만들어줄 2가지 방법을 여러분께 소개해 드리겠습니다.

❶ 물고기 한 마리 한 마리를 강한 물고기로

첫 번째 방법은 그 **수조에 있는 물고기**(=팀원들)를 살짝 물이 더러워지는 정도로는 상태가 나빠지지 않게 단련하여, 야생적이고 '강한 물고기'로 만드는 것입니다.

강한 물고기란 "목적·목표가 명확하고 주체적이며, 타인의 영향을 받지 않고 원하는 바를 달성하는 사람"을 말합니다. 이를 위해서는 제1~2코스에서 다루었던 팀원 육성, 개인 성장을 이끌어내는 관계가 중요한 개념이 됩니다.

실은 채용 단계에서 명확한 목적·목표를 가진 주체적인 인재를 확실히 선별하는 것이 바람직합니다.

다만 실제로는 그런 인재만을 채용하고 싶어도 처음에는 인연이 닿지 않아 만날 수 없기도 하고, 반대로 채용 자체가 좁은 문이 되어 조직의 맨 파워가 부족한 사태가 될 수도 있습니다.

아무래도 스스로가 명확한 목적·목표를 가진 야생적이고 강한 물고기가 많지는 않습니다.

게다가 인간은 다른 사람이나 주위로부터 영향을 받을 수밖에 없는 생물입니다.

중국 전국시대 유학자 맹자의 "물은 항상 낮은 곳으로 흐른다."에서 볼 수 있듯, 사람에게는 무의식중에 편한 쪽(쉬운 길)으로 흘러가는 경향이 있고, 그 사실은 피할 수가 없습니다.

필자의 회사, 어치브먼트에서는 조직 만들기 차원에서 명확한 목적·목표를 가지고 스스로 성장해 가는 인재를 채용해 길러 왔습니다만, 처음부터 그랬던 것은 아닙니다. 사원 한 사람 한 사람이 시간을 들여 서서히 목적·목표 달성형의 인재로 성장해 온 것입니다.

❷ 공통 목적, 협동 의욕, 의사소통을 소중히

그렇게 물고기를 단련시키는 한편, 수조 안의 물을 갈아넣어 깨끗하게 만들어 나가도록 합니다.

미국 경영학자 체스터 어빙 버나드Chester Irving Barnard는 조직이 성립하기 위한 3가지 조건으로 **①공통 목적, ②협동 의욕, ③의사소통**(커뮤니케이션)이 필수불가결하다고 정의하고 있습니다.

공통 목적은 "누구를 위해, 무엇을 위해, 왜 우리 팀·조직이 존재하는가?"라는 조직의 목적을 말하는 것입니다.

협동 의욕은 서로 협력하면서 일을 끝까지 해내자는 의식입니다. "내가 할 수 있는 일이 있나요?", "뭔가 협력할 것이 있다면 언제든 말씀해 주세요." 같은 말을 의식적으로 발신하고 서로 협력하며 일하기를 강력히 권장하는 것입니다.

의사소통은 정보 공유나 상호 발신입니다. 최고위 1인만이 항상 발신하는 것이 아니라, 팀원 하나 하나가 각각의 역할과 입장으로부터 조직 전체에 공유해야 할 정보를 발신해 가도록 추진합니다.

특히 의사소통에 있어 중요한 것은 '응답'입니다.

최근에는 직접적인 의사소통뿐 아니라, 사내 채팅이나 그룹 게시판 등에서 정보가 발신되는 경우도 많다고 생각합니다. 누군가 발신자가 있는 것이죠. 그는 무언가 정보를 공유하고 싶거나 혹은 어떤 행동을 일으키길 원해서 발신하고 있습니다.

수질이 나쁜 조직은 이 발신자에 대한 응답이 없습니다.

좋아요 표시, 확인했습니다, 알겠습니다, 지금 실행하겠습니다 정도의 단답일지언정, 응답이 있는 것만으로도 발신자는 조직에 대한 참여$_{engagement}$가 높아집니다.

반대로 응답도 없고 실행도 되지 않게 되면 조직 전체에 대한 신용을 잃을 뿐 아니라, '어차피 발신해도 의미가 없다.'라며 무관심한 상태가 되어 버립니다.

인재가 자라는 수질로 바뀌어 가기 위해서는, 우선 이 '조직 성립의 3조건'을 회의나 팀원과의 면담을 통해 전합시다. 그리고 적극적으로 협동 의욕과 의사소통을 취했으면 하는 바람을 전달해 보는 겁니다.

이 조직 성립의 3조건이 뿌리내리면, 하다못해 '시간이나 기일을 지키는(지각하지 않는) 것'에서도 발신 방법이 변화하게 됩니다.
가령 "시간이나 기일을 지키지 않는 것은 나쁘다." 같은 발신이 아니라, "지각은 다른 사람의 시간을 뺏는 것이므로 성실하지 않습니다. 동료에게 성실하기 위해서는 시간을 지키도록 합시다.", "기일을 지키는 일은 동료나 타 부서에의 공헌 및 감사가 됩니다." 식의 발신이 되는 것입니다.

그 밖에도 "실패하는 것은 나쁜 것"이라 발신하기보다, "실패해도 모두가 거기에서 배울 수 있는 점이 있으니 사례 공유를 부탁합니다!" 등의 발신 방식을 취함으로써, 그것이 왜 중요한지 의미 부여를 하여 긍정적으로 소통하는 것이 중요합니다.
이와 같이 ①공통 목적, ②협동 의욕, ③의사소통(커뮤니케이션)을 팀과 조직에 뿌리내리게 하는 것이 곧 '수질 관리의 기술'입니다.

가장 영향력이 큰 지도자의 발언이나 태도가 수질을 결정

좋은 조직문화를 팀과 조직에 뿌리내리게 하기 위해서는, 역시 팀장의 발언과 태도를 '셀프 매니지먼트'해 나가는 것이 중요합니다.

아무리 수조 안에 물고기가 많이 있을지라도 가장 큰 영향력을 발휘하는 것은 '무리의 우두머리$_{top}$'이기 때문입니다. 팀·조직에서는 팀장이고 기업 전체로 생각하면 사장이겠죠. 톱이 하는 말과 취하는 태도는 다른 팀원에게는 모방 대상이 되곤 하며, 조직에서도 중히 여겨지게 됩니다.

그렇기 때문에 톱의 발언과 태도를 바꿀 필요가 있는 것입니다.

여기서 핵심은 "애초 이 조직에서 소중히 해나가고 싶은 가치관은 어떤 것입니까?"를 언어화하는 것입니다. 그리고 지도자 스스로 행동으로 체현하는 것이죠. 그다음은 이를 발신해서 '공감'을 이루어야 합니다. 공감대를 만들기 위해서는 스토리를 이야기할 필요가 있습니다.

다시 어치브먼트의 예를 들게 됩니다만, 당사는 100페이지가 넘는 『코퍼레이트 스탠더드』란 책자를 작성해, 모든 임직원에게 배포하고 있습니다.

책자에는 기업의 목적이나 전략, 각 부서의 연간 방침 및 목표부터 로고의 형상과 색에 담긴 의미까지, "어치브먼트에서 소중히 해 나가고 싶은 가치관이 무엇인지?"가 언어화되어 있습니다.

또한 『코퍼레이트 스탠더드』 내에 '어치브먼트 필로소피'라 하여 7개의 행동 지침을 실어 두었습니다.

이 7가지는 바로 달성, 책임, 열정, 협력, 전문성, 도전, 규율로서 당사의 사원이 취해야 할 적합한 행동이나 소중한 가치관이 무엇이고, 어떠한 인간 집단으로 있어야 하는지를 표현하는 지침들입니다.

예를 들어 '달성' 지침에는 "우리는 스스로 정한 목표라면 100% 달성할 것을 맹세합니다."란 문구가 있습니다. 그리고 지도부부터가 끝까지 포기하지 않고 달성에 집착하는 자세를 체현합니다.

이같이 『코퍼레이트 스탠더드』로 가치관을 언어화했다면, 어치브먼트에서는 그것을 공감받을 수 있도록 행동으로써 노력합니다.

어떻게 할까요? 바로 팀장이 조례에서 '기업 표준'에 준거한 내용을 이야기하는 것입니다. 앞의 '달성' 지침이라면 "우리가 왜 달성에 집착하는가 하면, 이는 그런 자세를 본 고객이 더욱더 이 조직, 이 담당으로부터 배우고 싶다고 생각해 주시기 때문입니다. 실제로 필자가 담당하고 있던 고객과의 일화에서는……"처럼 구체적인 이야기를 곁들여 메시지를 전하기도 합니다.

입사 1년 차와 10년 차가 내는 성과에 차이야 있겠지만, 그 자체를 비교하기보다 "한 사람 한 사람이 당사의 사원으로서 끝까지 포기하지 않고 도전한다."라는 누구나 취할 수 있는 자세에 초점을 두고 있습니다.
왜냐하면 그것이야말로 당사가 소중히 여기고자 하는 가치이기 때문입니다.

이러한 활동을 매일 실시하다 보면 자연스럽게 조직의 수질이 "끝까지 달성에 집착할 것을 소중히 하는 회사"가 되어, 거기에 사는 물고기(=팀원들)도 "조직이 소중히 여기는 것을 함께 소중히 한다."란 가치관으로 살아갈 수 있게 됩니다.
그 과정에서 수질이 맞지 않거나, 그런 수질을 '귀찮다'고 느낄 만한 팀원은 저절로 떨어져 나갑니다. 이는 유감스럽지만 어쩔 수 없는 일입니다. 어치브먼트에서는 자사의 수질 문화를 계속 지켜나가는 것이 중요하다고 생각하기 때문입니다.

만약 기업 이념이 없거나, 겉치레에 불과하다면?

더 보충하겠습니다.

독자가 재직하는 기업 중에는 기업 이념이나 비전 등이 존재하지 않거나, 존재하더라도 '겉치레'가 되어 기능하지 않는 곳이 있을지도 모릅니다.

그런 경우에는 여러분의 조직을 깨끗한 수질로 만드는 일부터 시작합니다.

실마리는 **"'팀장이 생각하는, 사람으로서 중요한 것'을 소중히 하자."** 란 가치관입니다. '인사를 한다.', '시간을 지킨다.', '목표를 달성한다.', '고객을 성실히 대한다.', '동료에게 감사한다.', '자신의 성장을 중시한다.' 등 사람이라면 당연한 일들을 조직에 발신하여 채워 갑시다.

그렇게 함으로써, 기업 이념이 없는 기업이더라도 여러분과 여러분의 팀원이 활기차게 일하여 성과를 내고 타 부서, 더 나아가 전사에까지 좋은 영향을 미칠 수 있을지 모릅니다.

또한 "회사는 개인의 자아실현 무대다."라는 가치관을 추가합니다.

10명 정도의 작은 조직이라도 팀원 한 사람 한 사람은 각각의 인생을 걸고 일하고 있습니다. 회사라는 무대에서 스스로를 단련하며 자신의 인생을 살아가고자 하는 것입니다.

그러므로 무대는 모두의 것이며 결코 더럽혀서는 안 됩니다.
이러한 가치관을 조직에 퍼트리고 가득 채워 나갑시다.

그러면 여러분의 조직, 팀원이 추후 팀장이 되어 팀을 꾸렸을 때, 같은 가치관을 중시하는 팀을 만들어 줍니다.
긴 시간 축에서 이런 현상이 늘어나다 보면, 어쩌면 회사 전체가 좋아질 수도 있습니다. 회사에 불만을 가질 것이 아니라, 먼저 자신의 팀에 인재가 자라는 문화를 조성하는 데 전력투구하는 것이 어떨까요?

수질을 한꺼번에 바꾸지는 않는다: 절반씩 연착륙

사람이 자라지 않는 조직에서 인재가 자라는 조직으로, 나쁜 수질을 좋은 수질로 바꾸어 가고자 할 때 주의해 주었으면 하는 점이 있습니다.
바로 '갑자기 모든 물을 갈아 넣지 말 것'입니다.

만약 팀장이 갑자기 "내일부터는 꼭 인사하는 팀이 되자.", "긍정적인 이야기만 하도록 하자.", "시간을 매일 무조건 지키자."처럼 말하며 수질을 확 바꾸려고 들면 거의 반드시 어긋남이 생깁니다. 적대세력이 등장하죠.
특히 중소기업과 같은 작은 조직이라면 이직이 다수 이루어져 기업의 운영 자체가 이루어지지 않게 될 가능성도 있을 것입니다.

요령은 절반씩, 아니면 조금씩 바꾸는 것입니다. 경착륙이 아니라, 연착륙으로 진행해 주세요.

일단 팀원들의 이야기를 듣는 일부터 시작합니다.

입사 동기나 과거에 충만함을 느꼈던 경험, 어떤 유형의 프로가 되고 싶은지에 관해 묻습니다. 팀원의 생각에 확실히 귀를 기울인다면 "고객으로부터 감사받는 사람이 되고 싶다.", "부가가치를 더 높이고 싶다.", "한 번의 인생이니 도전을 하고 싶다." 등, 무엇인가 긍정적인 마음가짐을 갖고 있는 사람도 생각보다 많이 있음이 보일 것입니다.

그러면 팀장은 그 말을 우선 받아들이고 "나도 만들고 싶은 조직이 있다."란 말로 회사가 자아실현의 무대임을 전달하는 것입니다.

예를 들어 "도전, 응원, 달성하는 조직을 만들고 싶은데 도와주시겠어요?"라고 물으면, "좋아요!"라고 화답하는 팀원도 나타날 수 있습니다. 팀원은 상상 이상으로 팀이나 조직에 신경 쓰고 있기 때문입니다.

이를 토대로 행동의 변화를 제시해 가면 됩니다.

물론 연착륙이어야 합니다. "우선은 인사를 중요하게 생각하자." 정도의 작은 변화를 하나씩 일으켜 갑시다.

이미지는 수조의 물을 반만 교체하고, 그다음에 다시 반을 교체하는 식의 작업을 반복해 가는 것입니다.

"왜 변해야 하나요?"란 목소리에는 기업 이념으로 돌아가기

수질을 바꾸려고 할 때, "왜 그래야만 하나요?"라며 반문하는 목소리가 나올 수도 있습니다.

인간에게는 항상성$_{homeostasis}$이란 기능이 있습니다. 항상성은 '신체에 어떤 변화가 일어났을 때, 그것을 원래대로 되돌리는(현상 유지를 하려고 하는) 능력'을 말합니다. 쉽게 말해 "인간은 변화를 좋아하지 않는다."란 말이죠.

그러니 사내에서 일어나는 변화를 두고 반발이라고까진 할 수 없어도, 이유를 알고 싶어 하거나 변화에 대한 불안이 표출되는 경우가 생기는 겁니다.

그럴 때 팀장이 "됐으니까 내가 시키는 대로 해라."라고 해서는 절대 안 됩니다.

그렇다고 해서 우리가 지금까지 다루어 온 내용 전체를 "리드 매니지먼트에는 수질 관리라는 기술이 있는데……"처럼 일일이 설명하기도 꽤 어려울 겁니다.

그러므로 여기서는 먼저 **기업 이념으로 돌아가기**를 추천드립니다. 혹시 귀사에 기업 이념이 없다면, 우선 팀을 '인재가 자라는 조직'으로 만들고 싶음을 전합시다.

예를 들어 설명하겠습니다. 필자의 회사, 어치브먼트의 기업 이념은 '좋은 세계 추구'입니다. "선택 이론에 기반한 한 양질 인재 교육을 통해 고객의 성과 및 창조에 공헌하고, 전 사원의 물심양면 행복 추구와 사회의 평화와 번영에 기여하는 것"을 목적으로, 세계 최고의 인재 교육 컨설팅 회사를 목표하고 있습니다.

즉 어치브먼트는 사람과 조직의 목표 달성을 지원하는 데 있어, 세계에서 가장 높은 효과와 세계 최고의 품질을 지향하는 기업인 것입니다. 만일 필자가 팀원들로부터 수질을 바꾸는 이유에 대해 질문받는다면, 이와 같은 "이념 비전을 실현하기 위해서"라 답하겠습니다.

또 다른 예로 수강생 중 한 분에게 들은 이야기를 들겠습니다.

메이저리그 뉴욕 양키스는 "세계 제일의 팀"을 목표하고 있다고 합니다.

그 가치관은 선수단뿐 아니라 스타디움의 그라운드 키퍼(정비사)에게까지 철저히 뿌리내리고 있으며, 그들은 유니폼을 입고 정시에 출근해 진지하게 일하고 돌아갑니다. 손을 쉬는 일은 절대 없습니다.

수강생이 그들에게 이유를 물었더니, 이렇게 대답했답니다. "우리가 양키스의 그라운드 키퍼이기 때문이지, 뭐. 양키스는 세계 최고의 팀이야. 그런 팀의 키퍼라면 이 정도는 당연해."

이처럼 뉴욕 양키스에서 일하는 모든 사람이 "양키스는 세계 최고의 팀"이란 가치관을 철저히 지켜내고 있는 것입니다.

이런 수질에서 운영되고 있기에 역대 최다 우승 기록을 자랑하며, 메이저리그 굴지의 명문 구단으로 불리고 있는지도 모르겠습니다.

어치브먼트도 세계 최고를 목표로 하고 있습니다.

따라서 "지금보다 더 좋은 조직으로 변혁해 나가자. 그것이 고객에의 공헌으로 이어지기 때문이다."란 일념으로 수질을 바꾸어 갈 것을 천명하고 있는 것입니다.

독자 여러분도 팀원으로부터 "무엇을 위해?"란 질문을 받는다면, 기업 이념으로 되돌아가거나 자신의 '왼손'을 돌아봐 주세요.

왼손이란 '목적·목표'였습니다. 여러분이 "무엇을 위해, 누구를 위해, 왜 일하고 있는가"를 명확히 하고, "기업 이념에 따라 우리가 어떤 팀·조직이 어야 하는지"를 모색하는 일부터 시작합니다.

어쩌면 이는 시간이 오래 걸리는 일일지도 모르겠습니다. 하지만 복수 팀원을 하나로 묶어 조직 퍼포먼스를 향상시키고 조직의 퍼포먼스(성과)를 극대화시켜 나가기 위해서는, 꼭 거쳐야 하는 길입니다.

3코스 체크리스트

- ☐ 내 조직의 '수질·문화'가 어떤 것인지를 돌아본다.
- ☐ 감사 응원 챌린지 등 긍정적인 발언이나 태도가 많고, 인재가 자라는 문화를 만든다.
- ☐ 공통 목적, 협동 의욕, 커뮤니케이션의 중요성을 알린다.
- ☐ 조직 내의 발신에는 꼭 응답하며, 무시하지 않는다.
- ☐ 회사가 소중히 여기는 가치관을 명문화하여 팀장 스스로 행동으로 나타낸다.
- ☐ 수질을 갑자기 바꾸려 들지 않는다. 절반씩, 조금씩 바꾼다.

column 지도자가 바뀌면 조직의 수질도 180도 바뀐다

아직 필자가 관리직을 막 시작하여, 도쿄 영업부만 관할하고 있을 때의 이야기입니다. 당시 도쿄 영업부는 인원도 25명이 넘고, 혼자서는 전부 다 지켜볼 수 없을 정도의 규모로 확대되는 중이었습니다. "소수화하면 정예화된다."란 말이 있는데, 이를 반대로 말하면 "대규모가 되면 한 사람 한 사람의 당사자 의식이 희미해진다."가 됩니다. 그런 현상이 조직 곳곳에서 발생하고 있었습니다.

청소 시간이 되어도, 참여하는 사람과 그렇지 않은 사람이 있습니다. 조례에 참가하자고 독려하고 있어도, 실제로는 불참하고 외출하는 사람도 눈에 띕니다. 주고받는 인사도 기운이 없고, 행선지를 알리지 않고 자리를 비우는 경우도 있습니다. 당시에는 온라인 회의가 없고 모두 현장 회의였는데, 시간이 되어도 모두 모여 있지 않는 등 조직에 다양한 '벌어짐'이 생겨나고 있었습니다.

필자는 그 조직의 지도자로서 목표 달성을 하는 달도 있긴 했지만, 분명히 팀을 하나로 모으지 못하고 고전하고 있었습니다.

그 시기, 필자에게 관리의 A to Z를 가르쳐준 상사가 전국 총괄 본부장으로서 조직의 180도 변혁을 실시했습니다. 그는 우선 회의장에서 모두에게 확실한 메시지를 발신했습니다.

"여러분은, 한 사람 한 사람이 주식회사의 대표이사입니다."

회의에서는 중요한 발표만을 다루고 있습니다. 거기서 다루어진 정보를 대표이사로서 캐치하고, 업무 품질로 구현하지 못하면 당신이라는 회사는 신용을 잃어갈 겁니다. 회의는 다른 일을 하면서 듣지 말고, 정보 입력에 집중하세요. 그것이 여러분의 신용을 지킵니다.

미팅 시간, 청소 시간, 조례 참석, 외출 시 정한 행선지와 복귀 시간을 명확히 지켜주세요. 규칙이라서가 아닙니다. 개개인의 행동 기준이 이 조직의 기준을 결정하기 때문입니다. 여러분 스스로가 이 조직에 큰 영향력을 가진 당사자임을 자각하십시오.

조직은 많은 동료가 인생을 걸고 선택한 자기실현의 무대입니다. 모두의 무대입니다. 여러분 혼자만의 무대가 아닙니다. 그러니까 쉽게 더럽혀선 안 됩니다. 여러분의 기준으로 동료의 무대를 지킬 수 있는 것입니다. 조직을 만들어 간다는 자각을 한 사람 한 사람이 가지길 바랍니다."

그 담화에는 엄격함도 있었지만, 진정으로 전해진 것은 '한 사람 한 사람의 존재나 영향력에 대한 경의'였습니다. 거기서부터 조직은 180도 변화해, 한 사람 한 사람이 인사나 청소 시간을 지키게 되었고, 회의의 생산성도 올라 일체감이 있는 조직으로의 변모를 완수하게 되었습니다.

상위 지도부가 바뀌면 조직이 바뀝니다. "소중히 여겼으면 하는 가치관을, 왜 소중히 여기길 바라는가? 소중히 함으로써 어떤 미래가 오는 것인가?"를 한순간 명확하게 이야기하고, 강하게 관철해 가는 리더십에 의해 조직은 바뀌기 때문입니다.

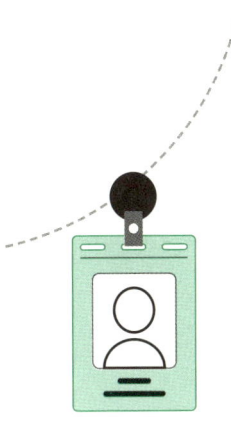

위임하는 것은 확실히 무섭습니다. 그 마음은 아플 정도로 잘 압니다.

하지만 위임함으로써 사람은 자라고, 조직 인재의 층은 두꺼워집니다.

그리고 조직의 힘은 헤아릴 수 없는 큰 미래의 창출로 이어집니다.

제 **4** 코스

팀장이 자신의 일을 실행하기 위한
위임 기술

'정말 해야 하는 일'에 집중하기 위한 시간 관리

관리·감독하는 팀원의 수가 관리 범위 한계를 넘어서면, 팀장의 일도 다음 단계로 넘어갑니다.

팀장 아래 팀장의 오른팔, 왼팔이 되는 선임 팀원이 생겨나고, 그들이 말단 팀원들에게 일을 세세하게 가르치고 동행 지도할 수 있게 된 상태에서 팀장이 신입 교육을 일일이 하는 일은 더 이상 없습니다.

선임 팀원이나 선배진이 신입 직원의 지도를 시작하기 때문이죠.

이 단계에 오르려면, 팀장은 선임 팀원들에게 '일을 능숙하게 위임하는 기술'을 익히게 할 필요성이 생깁니다.

그때까지 팀장이 직접 하고 있던 일을 선임 팀원에게 능숙히 위임함으로써 자신의 시간을 확보하고 '정말 해야 하는 일'로 옮겨 가는 것입니다.

다만 이때, 선임 팀원에게 "나머지는 잘 부탁해!" 하며 다 떠맡겨 버리는 것은 위험합니다. 그러면 그냥 '방임'이 되어 버리며, 이는 위임과는 다릅니다.

반대로 잘 위임할 수만 있다면 팀장은 자신의 시간을 짜낼 수 있고 정말

해야 할 일에 집중할 수 있게 됩니다.

그런 의미에서, 이번 장에서 전하는 **'위임하는 기술'**은 조직의 목적·목표를 달성하기 위한 시간 매니지먼트 방법론이라고도 말할 수 있습니다.

위임과 방임의 차이는?

그럼, 위임과 방임의 차이는 무엇일까요?

방임은 단순하게 말하면 '떠넘기기'입니다. "무엇 때문에 그 일을 선임 팀원에게 맡기는지", 그 의도가 없는 상태입니다.

단지 자신의 일을 줄이고 싶다, 귀찮은 작업에서 손을 떼고 싶다, 자신이 끝의 끝까지 손이 가지 않기 때문에 시킨다…… 이런 상태가 되면, 통째로 냅다 떠넘기는 방식이 되어 버립니다.

방임으로 일을 통째로 떠넘겨 버리면, 떠맡겨진 쪽은 자신의 역량이나 기준에 따라 일을 합니다. "무엇 때문에 그 일을 맡게 되었는지"가 빠져 있기 때문에 그렇게 되는 것은 어쩔 수 없는 흐름입니다.

비록 선임 팀원이라고 해도, 그 역량(판단 기준이나 시야, 경험에서 오는 기술이나 지식 등)은 팀장에 비하면 아무래도 떨어질 수밖에 없습니다. 선임 팀원이 자신의 역량이나 기준대로 일을 해버린 결과, 본래라면 팀장이 10의 성과를 낼 수 있는 지점에서 5의 성과밖에 내지 못하는 사태에 빠져 버릴 위험이 있는 것입니다.

이럴 거면 "맡기지 않고 내가 하는 편이 좋았는데"라 후회하게 되는 것은 물론 조직적인 성과도 내지 못하게 되니, 팀장 자신이 본래 목표했던 퍼포먼스도 나오지 않게 되어 버립니다.

'**맡기는 의도**'를 가지고 맡기는 것이 중요합니다.

그리고 맡기는 의도는 "**팀장이 실행했을 때와 근접한 성과를 만드는 것**", "**그 성과를 내기 위한 판단이나 관점, 기술을 부하에게 나누는 것**"입니다.

즉 '맡기는' 것도 사실 '육성'이 목적인 셈입니다.

경영의 신 마츠시타 고노스케(松下幸之助)는 사람을 기르는 방법, 살리는 방법에 관해 "맡기되 맡기지 않는다."란 말을 사용하고 있습니다.

이는 "일은 대담하게 맡긴다, 하지만 그냥 두어서는 안 된다. 적시에 적절하게 보고를 듣고, 일과 순서에 따라 적확한 지도와 조언을 주어야 한다. 그것이 책임자로서의 의무다."란 뜻입니다.

위임이란, 바로 '맡기되 맡기지 않는' 상태라 할 수 있습니다.

서장에서도 언급했습니다만, 맡긴 후의 관여 방법이 중요해진다는 것 역시 바로 이를 두고 하는 말입니다.

파레토 법칙과 우선순위 관리

팀장이 선임 팀원, 또는 팀원에게 능숙하게 위임할 때는 "무엇을 위임할 것인가?", "위임한 팀장은 그 후 무엇을 해야 하는가?"를 구체적으로 정해 두어야 합니다.

그 실마리가 되는 것이 **파레토 법칙**Pareto principle과 **우선순위 관리**란 사고방식입니다.

파레토 법칙은 이탈리아 경제학자 빌프레도 파레토Vilfredo Pareto가 발견한 것으로 **"많은 성과에서 결과의 약 80%가 20%의 요인에서 발생한다"**는 **통계 모델**입니다. '80:20 법칙'이라고도 불립니다.

이를 업무에 적용해 본다면, "실행해야 할 업무 중 20%의 우선사항을 제대로 실행하는 것이 성과의 80%를 결정한다."란 원칙입니다.

그럼 '20%의 우선사항'이란 무엇일까요?

이것을 풀기 위한 사고방식이 우선순위 관리입니다.

우선순위 관리란 "자신의 행동에 우선순위를 매기는 기술"을 말합니다.

모든 행동은 중요도와 긴급도로 나누어집니다. 정도의 높음/낮음을 기준으로 각각 매트릭스화하면, 다음 그림과 같은 사사분면으로 표현할 수 있습니다.

- 제1사분면: 중요도가 높으며 긴급도도 높은 것
- 제2사분면: 중요도가 높지만 긴급도는 낮은 것
- 제3사분면: 중요도가 낮지만 긴급도는 높은 것
- 제4사분면: 중요도가 낮으며 긴급도도 낮은 것

성과를 내기 위해서 제외해서는 안 되는 것은 '제2사분면: 중요도가 높지만 긴급도가 낮은 것'에 해당하는 일입니다.

팀장이 위임 기술을 사용해 '**정말로 해야 할 일**'로서 실행해야 하는 것이 바로 '**제2사분면의 일**'인 것입니다.

우선은 이 점을 인식하고 넘어갑시다.

L자형 행동 팀장과 Z자형 행동 팀장

우선순위 관리에 기반해 생각했을 때, 팀장은 두 가지 유형으로 나눌 수 있습니다. 바로 **L자형 행동 팀장**와 **Z자형 행동 팀장**입니다.

'긴급도' 축에서 살아가는 L자형 행동 팀장

대다수의 바쁜 팀장은 L자형 행동을 취합니다.

우선 제1사분면의 일에 대응합니다. 클레임 응대, 오늘 중으로 결재해야 할 서류 정리, 긴급회의 참석, 돌발 트러블 대처, 갑자기 '그만둔다'고 말하는 부하의 설득 등입니다.

이런 일들은 긴급도도 중요도도 높기 때문에 대응하지 않을 수 없으며, 그 결과 시간과 뇌의 자원 대부분을 빼앗긴 채 허덕이게 됩니다.

그것이 끝나면, 다음으로 긴급하지만 그다지 중요하지 않은 일(제3사분면의 일)에 착수합니다.

갑자기 온 전화나 메일, 손님을 응대하거나, 정례회의에 참석하거나, 급히 잡힌 상담이나 회식에 별 의미 없이 참가하거나, 막 생각해 낸 일에 착수하는 등의 행동이 여기 해당됩니다.

그리고 마지막으로는 긴급하지도 중요하지도 않은 일(제4사분면의 일)을 합니다. 시간을 보내려 SNS를 스크롤하거나, 별 의미 없이 동영상 사이트나 정리 사이트를 돌아다니는 것이죠. 필요한 정보를 얻기 위한 행동이면 좋겠으나, 대다수가 휴식이나 시간 죽이기로 끝나 버리고 맙니다.

즉, L자형 행동을 취하는 팀장은 '긴급축'에서 살고 있다고 하겠습니다.

왜냐하면 기본적으로 일의 의식이 사후 대응의 시점에 있기 때문입니다. 따라서 이들은 필연적으로 대응하지 않으면 안 되는 긴급도가 높은 것(혹은 높아 보이는 것)에 초점이 맞으며, 그 결과 그런 일의 우선순위를 올려 버립니다.

더욱이 L자형 행동을 통해 제1→제3→제4 순서로 각 사분면의 일을 해치우면 성취감이 있습니다. 표현이 나쁘긴 합니다만, 소위 "일을 했다는 느낌"이 드는 것이죠.

하지만 긴급한 것이 우선이기 때문에 조직의 미래는 만들 수 없습니다.

인간의 시간은 모두 평등하게 24시간밖에 없습니다. 긴급축만으로 한계에 다다라 버리면, 정말 해야 할 제2사분면의 일을 하기 위해서는 수면 시간을 희생하는 수밖에 없게 됩니다. 결과적으로 '실행할 시간이 없는' 사태가 되어 버리는 것이죠.

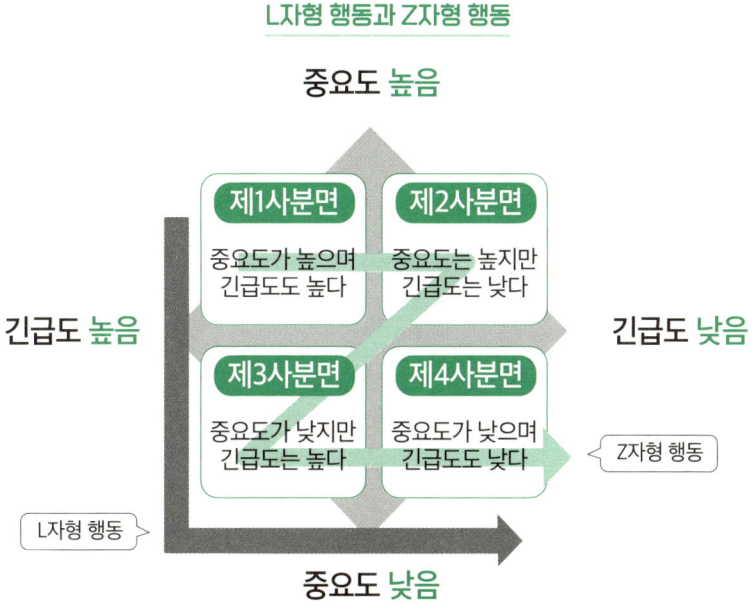

'중요도' 축에서 살아가는 Z자형 행동 팀장

반면, 뛰어난 팀장은 Z자형 행동을 취합니다.

이들은 긴급하고 중요한 일(제1사분면의 일)에 대응한 후에 제2사분면의 일에 착수합니다.

예를 들면 장래를 위한 채용, 신상품 개발을 위한 고찰, 매뉴얼 만들기, 사무실 환경 정비, 향후 영업 전략 고안, 팀원 교육 및 훈련 등, 미래를 생각해 현재의 포석을 두는 일들을 행하는 것이죠.

Z자형 행동을 취하는 팀장은 '중요축'에서 사는 사람입니다.
왜냐하면 일의 의식이 '사전 대응'의 시점이기 때문입니다. 미래를 위해 지금 무엇을 해야 할지 항상 생각하고, 본래의 내가 해야 할 일이 제2사분면의 일임을 이해하고 있는 것입니다.

이들은 그러기 위해 "제1사분면을 위임하고, 제2사분면을 확장하고, 제3사분면을 줄이고, 제4사분면을 끊는" 일의 필요성을 이해하고 또 실천하고 있습니다.

사전 대응을 늘리면, 사후 대응 거리가 줄어든다는 사실을 알고 있기 때문입니다.

이는 비유하자면, 치과 예방치료와 같은 것입니다.
정기 검진이나 양치질을 게을리하면 충치가 생기고 무조건 치과에 뛰어가야만 합니다(=사후 대응). 하지만 예방 차원에서 정기적으로 치과에 다니고 있었다면, 갑자기 치아가 아파 급히 허둥지둥 찾아갈 가능성은 줄일 수 있죠(=사전 대응).

평소에 사전 대응적인 일 즉, 제2사분면을 수행함으로써 제1사분면을 줄일 수 있는 것입니다.

위임할 일은 팀원의 성장 기회로 이어지는 일

L자형 행동 팀장이 Z자형 행동 팀장이 될 수 없다면, 그 첫 번째 이유는 지금까지 이야기한 시간 관리 기술의 원리 원칙을 모르는 것입니다.

두 번째 이유는, 제1사분면의 일이 제2사분면의 일 이상으로 산더미처럼 쌓여 있는 데 있습니다.

그 결과 제1사분면의 일을 우선적으로 해내려 하게 되고, 제2사분면의 일에 눈을 돌릴 여유 따위는 없게 되겠죠.

이 문제의 해결책은 '제1사분면의 일 위임하기'밖에 없습니다.

하지만 팀원을 자신의 '말'로만 인식하고 있으면, 제대로 위임할 수 없습니다. 자신이 하고 싶지 않은 일만 강요하는 결과가 됩니다.

그러지 말고, 위임하는 일이 제1사분면의 것일지라도 위임하는 목적은 '팀원의 성장 기회로 연결될 것'이 되도록 의식을 기울여야 합니다. 자세한 내용은 추후 설명하겠지만, 우선은 그 인식을 갖도록 합시다.

제2사분면의 일을 분류하기 위한 5가지 시점

앞 절에서 가볍게 언급했지만, 이제 본격적으로 팀장에게 있어 제2사분면의 일이 무엇인지 그 내용을 깊이 파고들어 가 봅시다. 핵심은 "사실 어떤 업무를 하기 위해 팀장은 시간을 확보해야 하는가"에 있습니다.

첫 번째는 리크루팅입니다.
이는 영업부라면 영업직이겠고, 관리부나 비영업 부서라도 각 부서에 필요한 실무 능력을 가진 실무 능력을 가진 인재의 고용을 말합니다. 특히 중소기업의 경우 어느 곳이나 인력 부족으로 어려움을 겪고 있을 겁니다. 하지만 '사람이 오지 않을까?'라 생각하는 것만으로는 오지 않습니다. 적극적으로 채용을 고려해야 합니다. 채용을 인사부나 회사의 일이라고 생각해서는 안 됩니다. 팀장은 스스로 사람을 채용해 오는 데 시간을 쓰는 것이 중요합니다.
어떤 인재를 언제까지 몇 명 채용할 것인가, 그러기 위한 방법론은 무엇인가 등을 검토합니다.

두 번째는 마케팅입니다.
영업부에 특화된 내용일지도 모르지만, 신규 기대 고객 리스트를 획득하기 위한 모든 활동을 일컫습니다.

기업의 매출을 올리는 것은 역시 영업 활동에 의한 고객 획득입니다. 어치브먼트에서는 경영자나 프로 비즈니스 종사자가 모이는 커뮤니티를 적극적으로 개척하기도 하고, 기업 브랜드의 강화에도 힘을 쓰고 있습니다.

무엇보다도 'BtoF_{Business to FAN} 전략'을 중시합니다. 기존 고객의 후속 케어나 감동 창조에 주력하며, 그들로부터 소개를 받는 덕택에 매년 신규 고객이 증가하고 있습니다. 팀장 역시 솔선수범하여 기존 고객의 케어에 힘을 기울이게끔 하고 있습니다.

세 번째는 트레이닝입니다.

팀원을 훈련시키고 마인드, 지식, 기술, 화술, 일머리를 기르는 것을 가리킵니다.

동시에 매뉴얼을 작성하여, 개인이 개인적인 역량에만 의존해서 할 수 있는 일을 다른 사람도 할 수 있도록 만들어 나가는 일이 필요합니다.

영업부에서도, 관리부나 비영업 부서에서도 마찬가지로 필요한 일이라 할 수 있습니다.

네 번째는 M&M(매니지먼트 & 모티베이트)입니다.

M&M은 매니지먼트(관리)와 모티베이트(동기부여)의 약자입니다. 모티베이트란 팀원의 동기 관리입니다. 함께 식사하거나 일대일 미팅을 하는 등 방법은 다양하지만, 팀원들이 의욕을 가지고 유지하게끔 적절히 소통해야 합니다.

다만 그 결과로 "꿈을 위해 이 회사를 그만두겠습니다!"가 나온다면 본말이 전도된 것이겠죠. 팀장은 그 팀원이 가진 역할이나 책임을 다 할 수 있도록 지원하고, 최종적으로는 '해야 할 행동을 완수하도록 관리'할 필요가 있습니다.

영업부라면 전화 영업이나 루트 영업을 독려하는 모습으로 나타납니다. 비영업 부서에서는 해당 팀원의 직무 책임, 업적 목표에 있는 핵심 직무에 집중하게끔 함으로써 가능합니다.

다섯 번째는 동행 지도입니다.

이는 옆에서 일을 해 보여주는 것입니다. 매우 중요한 것으로 육성은 항상 현장에서 실시합니다. 미팅이나 면담, 훈련을 아무리 해도 현장에서, 바로 옆에서 일을 보여주지 않으면 육성되지 않습니다. 왜냐하면 그것만으로는 팀원들이 '일에 성공하는 모습'을 상상하지 못하기 때문입니다.

이 동행 지도의 포인트는 자신의 일과 동행 지도를 별개 시간으로 분리하지 않는 데 있습니다. 실제로 팀장이 어떤 일을 하는 시간을 "항상 팀원 육성을 겸한 시간"으로 삼는 것이죠.

전화영업을 할 때 어떤 말을 하는지 옆에서 듣거나, 실제 상담에 동행시켜 팀장이 어떤 식으로 설명하는지, 또 그 도중에 어떤 다른 일을 하는지를 보고 참고하도록 합니다.

영업면담이나 거래처와의 만남이 있다면 적극적으로 옆에 동석시킵시다. 또 끝난 후에는 "어땠어?"라 물어 감상을 듣고, 어떤 의도로 만났는지 등을 해설합니다. 그런 다음 질문하고 싶은 것이 있다면 질문을 받습니다.

필자의 회사 어치브먼트에는 '5 필드, 5 역필드'란 말이 있습니다.

필드란 현장 동행을 말합니다. 먼저 선배가 상담 약속에서 프레젠테이션하고, 계약을 체결하는 모습을 옆의 부하에게 보여줍니다. 이것을 5회 반복합니다. 그다음에는 부하가 상담 약속에 나서 프레젠테이션하고 선배는 옆에서 보충하면서 동석합니다.

그리고 부하 자신의 실력으로 5번 계약 체결에 달성하면 홀로서기를 합니다. 4번 연속 계약 체결에 이르지 못하면, 다시 동행 필드로 돌아오는 흐름을 취하고 있습니다.

비영업 부서라도 원리는 마찬가지입니다. 프로젝트 팀장으로서의 업무를 옆에서 보여주고 서서히 부디렉터로서 스케줄 관리나 회의 진행을 맡기는 과정을 밟으며 현장에서 육성을 합니다.

팀장에게 가장 중요한 제2사분면은 '생각하는 일'

앞 절에서 제2사분면의 일에 대한 다섯 가지 시점을 말씀드렸는데, 이것들을 깊이 생각해 보면 결국 "팀장이 하지 않아도 되는 일을 줄이고, 본래 해야 할 일을 실행한다."로 정리됩니다.

그래서 팀장은 항상 자신이 하지 않아도 되는(위임 가능한) 업무를 '생각하는 일'을 계속해야만 합니다.

현재 여러분이 끌어안고 있는 일 중 스스로 할 필요가 없는, 선임 팀원이나 다른 팀원들에게 배턴을 넘길 수 있는 것이 무엇인지 생각해 보세요.

그다음, 지금부터 설명하는 '능숙히 위임하는 방법'을 시도해 봅시다.

게다가 팀장이 생각할 것은 여기서 그치지 않습니다.

'미래를 내다본 제2사분면의 내용'을 항상 생각할 필요가 있죠.

L자형 행동 팀장은 항상 지금, 이번 주, 이번 달이라는 짧은 기간으로만 일을 생각하고 있습니다. 조금 길어봤자 2~3개월 후 정도입니다.

그것을 반년 후, 1년 후, 3년 후, 5년 후란 긴 시간축으로 옮겨 보다 미래를 생각하도록 전환합시다.

3년 후에 이 조직이 어떻게 되어 있을지, 자신의 경력이 어떻게 되어 있을지, 팀원들이 어떻게 되어 있을지를 생각하는 것입니다.

매일 프라임타임을 확보한다

생각하는 구체적인 내용은 독자마다 다르리라 생각합니다.

다만 하는 일 자체는 똑같습니다. 필자의 경우, 항상 이번 달을 생각하고 있지만 이는 제1사분면에 불과합니다. 동시에 3개월 후, 6개월 후, 1년 후, 3년 후의 미래를 생각하여 방 안의 화이트보드나 개인 수첩에 기록하고 있습니다.

자주 "언제 생각하고 있습니까? 어느 정도 빈도로 생각하고 있습니까?"라 질문을 받는데 "매일 생각하고 있습니다. 그리고 대부분은 아침에 생각하고 있습니다."라 대답합니다.

필자는 매일 아침, 출장을 가지 않고 사무실로 출근하는 날이면 첫 일정의 1시간 전에 출근하는 습관이 있습니다. 그리고 공부나 독서, 온라인 학습을 끝내고 미래를 생각하는 시간을 확보합니다.

스케줄 순서대로 미래를 바라보며 사전 대응으로 해야 할 일을 적어 내려가거나, 그 자리에서 지시를 내리거나 합니다. 출장일 때에도 호텔에서 생각하는 시간을 갖고자 하며 이외에도 카페에서 시간을 갖는 등, 미래를 생각할 시간은 매일 확보하도록 하고 있습니다.

그러지 않으면 필자도 순식간에 'L자형 행동'을 해버리기 때문입니다.

중요한 것은 생각의 구체적인 내용보다는, 생각하기 위한 시간을 팀장이 계속 가질 수 있느냐 없느냐입니다. 이 생각하는 시간을 **프라임타임**이라고 부릅니다.

어느 범위에서 생각할 것이냐는 독자가 경영자인지 중간 팀장인지, 중간 팀장이라도 어느 정도의 권한을 부여받았는지에 따라 달라집니다만, 적어도 '내 조직의 미래와 팀원의 성장 계획'은 생각하시길 바랍니다. 숫자뿐 아니라, 팀원의 성장이나 조직의 발전에 대해 생각하는 일이 중요합니다.

우선은 프라임타임을 일과에 포함하는 일부터 시작해 보세요. 추천하는 시간대는 아침입니다.

능숙히 팀원에게 위임하기 위한 5가지 포인트

제1사분면의 일을 선임 팀원이나 다른 팀원에게 위임할 때, 조잡한 방법이라면 어떤 것이 있을까요? 예를 들면 "언제까지 이 업무를 해주세요. 나머지를 부탁합니다!"가 있겠네요. 절대 안 됩니다.

앞서 이야기했듯 팀원들은 자신 나름의 역량과 기준으로 일을 해버리므로, 팀장이 원하는 결과가 나오지 않기 때문입니다. 게다가 "팀장이 하기 싫은 일을 나한테 강요하네"라 오해받아 버릴지도 모릅니다.

책임에는 **위임 책임**과 **실행 책임** 두 가지가 있습니다.

위임 책임은 팀장이 완수해야 할 책임, 실행 책임은 위임받은 팀원이 완수해야 할 책임입니다. 위임 책임을 완수하기 위해서는 맡기는 측이 "누구에게, 무엇을 맡길까? 이 사람에게 해낼 수 있는 경험이나 지식이 있는가?"를 제대로 판단하는지가 관건입니다.

즉 팀장이 위임 책임을 다하려면 '누구에게 무엇을 맡긴다', '왜 그 사람에게 맡기는가'에 합리적인 의미를 부여해야 합니다.

이를 위한 포인트가 다음 5가지입니다.

❶ **의미와 의의 부여**

왜 그 일을 하는가, 배경이나 목적을 전달하고 그 일이 굉장히 중요하다, 즉 '중요도'가 있음을 전달하고 이해를 받습니다.

이 일을 게을리하면 팀원들은 '중요치 않은 일을 강요당하고 있다.', '팀장이 일하기 싫어서 일을 떠넘기고 있다.'라 생각하게 됩니다.

예를 들어, 선임 팀원에게 신입의 전화영업 훈련을 맡기거나 정기적으로 신입에게 조언하는 업무를 맡긴다고 합시다.

신입은 먼저 기초 능력을 단련하는 것이 중요합니다. 이 능력은 활동량에 따라 결정됩니다.

아직 할 수 있는 일이 적은 신입이라면, 활동량을 늘리기 위해 일정량의 전화영업을 실시하는 것이 중요하며 전화영업의 대화 기술을 기르는 것으로 '만남 약속을 잡을 수 있는지' 여부도 달라집니다.

당연히 전화영업 업무를 누가 가르치는지, 어떻게 가르치는지에 따라 신입의 퍼포먼스가 변합니다. 제대로 가르친다면 신입의 활동량은 증가하겠지만, 적당히 가르친다면 언제까지나 기초 능력을 단련할 수가 없습니다.

그래서 이 전화영업 훈련은 신입의 사회생활 미래를 어느 정도 구축할 정도로 중요한 것입니다. 이 내용을 전달하여 의미를 부여하고, 그 후에 위임하도록 합니다.

❷ **양과 기준을 명확히**

언제까지 어떻게 되어야 위임한 일이 '성공했다'고 말할 수 있는지, 그 기준을 명확히 해서 전달해야 합니다. 맡기는 양의 기준에 대해서는 이후에 설명할 '어치브먼트 존'을 참고해 주십시오.

앞서 예시로 든 전화영업으로 계속 설명하겠습니다.

"4월 중으로 신입 전원을 대화 스크립트를 외워 전화영업을 할 수 있는 상태로 만들었으면 합니다. 그리고 1명이 하루에 최소 3개의 약속은 지속적으로 잡을 수 있게 해주세요."

이런 식으로 창출을 원하는 구체적인 미래의 상태를 정해 명확하게 전달합시다.

❸ '당신에게 맡기는 이유' 전하기

왜 그 사람에게 그 일을 맡기는지, 이유를 덧붙여 말합니다.

"왠지 지금 여유 있을 것 같네. 그럼 부탁해도 되겠지?" 이렇게 말해선 안 됩니다.

예를 들면,

"B는 전화영업을 팀 내에서 가장 잘하고, 약속 성사의 실적도 있어. 게다가 B의 대사는 다른 모두가 따라 하기 쉽기도 하지. 가르치는 일에도 능숙하니, B의 친절한 가르침 아래라면 신입도 자라기 쉽다고 생각해. 신입 육성은 향후 팀장으로 스텝 업하기 위한 큰 성장 기회로도 연결돼. 그러니 B의 경험치와 기술을 바탕으로 가르쳐 주면 좋겠어."

라고 말하는 것이 최선입니다.

❹ **실현 가능한 미래 보여주기**

위임된 일을 해냄으로써 실현할 수 있는 미래를 보여줍시다.

- **[회사의 미래]**

"당신의 전화영업 훈련을 통해 이 영업점 전체의 전화영업 기술 향상을 도모하고 싶다. B가 이 팀에서 가르친 후에는 영업점 전체를 볼 때 전화영업 능력이 향상되어 있을 것이다. 그럼 올해 신입교육은 성공한 것이나 마찬가지다. 이 계기로 다른 영업점에도 수평 전개할 수 있고, 더 나아가 전사 신입교육에도 확장해 나간다면 내년 이후의 신입 확보에도 좋은 영향이 생길 것이다."

- **[동료나 고객의 미래]**

"이 영업점의 모든 직원이 전화영업에 익숙해진다면, 새로 들어온 신입이 선배의 업무를 계속 이어받을 수 있다. 그럼, 선배들의 시간이 비어 여유가 생기고 그 시간을 이용해 고객 만족을 높이는 활동을 할 수 있어 동료를 위해서도, 고객을 위해서도 도움이 된다."

- **[본인의 미래]**

"B가 이번 전화영업 지도를 한 공적은 향후 팀장으로 승진하기 위한 큰 실적 중 하나가 된다. "전체 영업점 신입직원의 전화영업을 지도했다"는 경험은 팀장이 된 후에도 큰 자신감의 원천이 되리라 생각한다."

어디까지나 일례입니다만, 이같이 팀·조직·기업에 어떤 미래가 다가올지, 고객이나 거래처, 동료에게 어떤 좋은 일이 일어날지, 그리고 일을 한 팀원 자신에게는 어떤 혜택이 있을지를 전하면 됩니다.

❺ 중간 경과로 요구하는 보고·연락·상담 기준 정하기

맡겨도 끝까지 맡기지는 말고, 중간 경과를 세심하게 보고, 연락, 상담을 통해 전달받도록 합시다. 그 기준도 함께 정합니다.

어떤 상황인지를 적절히 확인하고 싶다면 다음과 같이 말하세요.
"매일 보고에서 '오늘 어떤 상태였는지'를 보고해 주세요."
"일주일에 한 번이면 되니까, '어떤 활동에서 어느 정도 결과가 나왔는지'를 보고해 주세요."
"언제든지, 메일이나 메시지로라도 좋으니 '잘되고 있는 것'과 '잘되지 않는 것'을 낱낱이 보고해 주세요."
이런 식으로 희망하는 보고의 기준을 정확히 전달합니다.
그러면 보고를 받으면서 실시간으로 궤도를 수정할 수 있고 '팀장이 그 일을 한다면 얻을 성과'를 가능한 한 빠른 타이밍에 전할 수 있습니다.

이상으로 전화영업을 예시로 삼아 5가지 포인트를 모두 알아보았습니다.

5가지를 실행함으로써, 팀장이 그 자리에 없어도 마치 존재하는 것 같은 현장을 만들 수 있게 됩니다. **사람을 통해서 일하는 매니지먼트** 즉, **리드 매니지먼트**를 실현하게 되는 것이죠.

팀원에게 위임하는 업무에 따라 문장의 구체적인 내용은 달라지겠지만, 기반이 되는 생각은 변하지 않습니다. 위임하는 업무에 맞게 조정하여 활용하세요.

위임하는 일의 양과 성공을 판단하는 기준: 어치브먼트 존

일을 위임할 때, 업무에는 **난도와 기일**이 존재합니다.

맡길 상대의 역량에 맞게 적정한 양과 성공의 기준을 정해야 하는데, 그때 참고해 주셨으면 하는 것이 바로 **어치브먼트 존**achievement zone 입니다.

어치브먼트 존과 위임

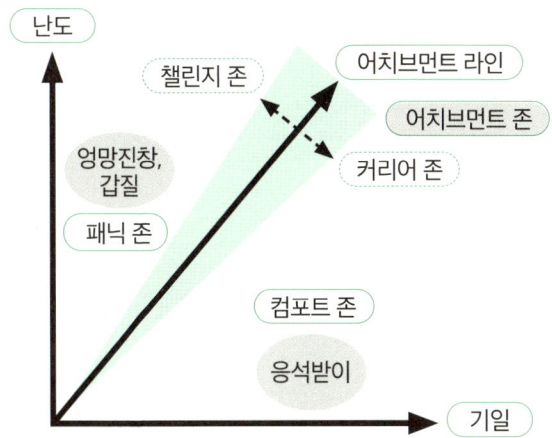

어치브먼트 존은 3개 영역으로 구성되어 있습니다.

1. 해당 팀원을 기준으로, 최대한 실력을 발휘하면(적절한 난도, 기일. 기지개를 켜면 닿을 정도의) 닿을 수 있을 만한 목표의 경사를 가지는 '**어치브먼트 라인**achievement line(최적 목표 경사)'

2. 팀원이 한창 성장하고 있으며 실력도 경력도 어느 정도 있을 때, 약간의 부담을 갖고 난도가 높은 업무를 위임하는 '**챌린지 존**challenge zone'

3. 팀원이 아직 어리거나 자신감이 형성되지 않은 경우, 성장으로 이어지는 영역 범위 내에서 약간의 부담을 갖고 일을 위임하는 '**커리어 존**career zone'

어치브먼트 존은 챌린지 존이 상한, 커리어 존이 하한이 되었을 때, 그 사이를 어치브먼트 라인이 달리고 있는 이미지입니다.

다시 전화영업 지도를 예로 들면, 챌린지 존은 '전화영업을 가르칠 뿐 아니라 동행까지 해서 세일즈 방식을 3~4명에게 선보인다.'가 되고 커리어 존은 '동행은 하지 않고 전화영업을 가르치기만 한다.' 정도가 됩니다.

존을 벗어나면 패닉이 오거나 응석받이가 된다

주의해야 할 점은 어치브먼트 존 이외에도 2개의 영역이 있으며, 이들은 모두 관리 실패를 일으킬 수 있다는 사실입니다.

하나는 **아주 짧은 기일에 아주 난도가 높은 일을 하게 되는** '패닉 존$_{panic\ zone}$'입니다. 예를 들어 지금까지 1개월당 5개의 계약밖에 맡지 않았던 사람에게 "3일간 10개의 계약을 성사시키는 것을 목표로 하자."라 말하는 것과 같습니다.

이래서는 목표가 과하게 높아지면서 경사도가 커져, 과도한 압박을 느끼게 됩니다. 패닉 상태에 빠진 듯한 기분이 되고, 미달성에 대한 불안이나 공포로 가득 차게 됩니다.

설령 달성할 수 있었더라도 남는 감정은 '무서웠다'입니다. 목표를 내세우는 데 공포를 느끼고, 다음에는 목표하지 않게 되거나 최악의 경우 이직할 것입니다.

이는 팀장이 제시한 목표가 너무 높은 것이 문제입니다.

또 다른 하나는 패닉 존과는 반대로, **기일에 여유가 있고 난도도 낮은 '컴포트 존**comfort zone**'**입니다. 예를 들면 "한 달에 걸쳐 1건의 약속을 잡자." 정도겠네요. 비영업 업무라면 "지금도 하고 있고, 할 수 있는 업무만 맡겨서 새로운 도전이나 성장이 아무것도 필요 없는 난도의 목표"가 됩니다.

이래서는 성장이 없으며, 팀원의 동기부여도 되지 않습니다. 성장이 없는 위임은 '작업'이라고 하는 인상이 강해 팀장에게 강요받는다는 감정을 불러일으킵니다. 따라서 성장하지 않은 채, 받은 업무에 불만을 표하는 '응석받이'가 됩니다.

정성적으로 최선의 곳을 판단해 존을 설정한다

이렇게 쓰면 "그럼 구체적으로 어떤 업무까지가 어치브먼트 존 범주인가요?"라 의문을 가질지도 모르겠습니다.

죄송하지만 정량적으로 말씀드릴 순 없습니다.

하지만 일반적인 관점은 있으므로 어치브먼트 존을 판별하기 위해 평소 필자가 실행해 온 것을 여기 적습니다.

1. **지금 성과의 110%~130% 내로 설정한다**

일반적으로 적절한 목표 경사는 120% 성장이라 하니, 그 전후 10% 정도의 범위 내에서 본인이 '될 것 같다!'라 생각할 수 있는 목표를 잡도록 하고 있습니다. 숫자로 측정할 수 없는 것이라도 업무량 120% 향상 등으로 정합니다. 예를 들어 우리 팀원이 생존 욕구가 높다면, '될 것 같다'라 생각할 수 있는 커리어 존으로부터 설정할 수 있도록 해 왔습니다.

2. **팀원이 가진 자원을 분석해 설정한다**

지금 팀원이 가진 자원(여유 시간, 보유시장, 기술이나 화술, 지식수준 등)을 보고, 스스로가 그것과 똑같은 자원만을 가지고 있다면 위임받은 업무를 어떻게 감당할지 상상해 봅니다. 그리고 "이러한 우선순위로 임한다" 등의 계획도 나름대로 세워 봅니다. 그 정보를 팀원에게 제공하고 마지막에는 본인이 결정하게 하는 것도 하나의 방법입니다.

최종적으로는 목표 설정과 챌린지의 반복 중에 부담감이 너무 크면 줄이고, 적으면 늘리면 됩니다.

어치브먼트 존에 들어가 있다는 사실을 의식하는 것만으로는 제외되기 어렵기 때문에, 나머지는 실전에서 궤도 수정을 통해 조정해 나가시길 바랍니다

어느 쪽이든 "자신이 할 수도 없는 일을 팀원에게 자신 이상으로 훌륭하게 해내라 하는 것은 불가능하다"는 사실만은 꼭 명심해 주세요.

거듭 말씀드리지만, 위임 목적은 어디까지나 팀원을 성장시키고 팀장이 정말 해야 할 일을 하기 위해서일 따름입니다.

4코스 체크리스트

- ☐ 육성의 의도를 가지고 위임한다. 단순히 방임하지 않는다.
- ☐ 제1사분면의 일을 위임하고, 팀장은 제2사분면의 일을 이행한다.
- ☐ 자신의 일을 가능한 한 동행 지도로 수행하고, 동시에 누군가의 육성을 겸하는 시간으로 삼는다.
- ☐ 매일 '프라임타임'을 확보하고 미래를 생각하는 시간을 보낸다.
- ☐ 맡길 때는 "왜 당신(팀원)에게 맡기는지" 이유를 전달한다.
- ☐ 다 떠맡기지 말고, 도중 경과를 점검한다. 요구하는 보고·연락·상담의 기준을 전달한다.
- ☐ 어치브먼트 존의 어치브먼트 라인(최적 목표 경사)의 일을 위임한다.

column 위임하는 것이 무섭다면 '3년 후의 나'를 상상하자

제1사분면의 일을 위임하려고 할 때, 팀장 중에는 그럴 수 없는 사람도 있습니다. 이유는 명확한데, 다음 3가지로 분류할 수 있습니다.

1. "스스로 하는 편이 빠르다."라고 생각한다

확실히 팀장이 직접 하는 편이 속도 측면에서도 성과 측면에서도 뛰어나리라 생각합니다. 팀장이 직접 하는 만큼 과정도 눈에 보이고, 확실하게 믿을 수 있습니다.

2. 팀원을 무능하다고 생각한다

'내가 일을 할 수 있다.'라고 생각하면 팀원을 무능하다고 여기게 되어 업무를 맡길 수가 없습니다. 모처럼 맡겼는데 실패해 버린다면, 자신(팀장)이 그 뒤치다꺼리를 해야 하고 거기에 (직접 하는 것에 비해) 3~5배의 노력이 들 것입니다. 그럴 바에는 스스로 하려고 생각하게 됩니다.

3. 고객에게 손해를 끼치고 싶지 않다

팀장이 담당하여 높은 고객 만족도를 얻던 일을 다른 담당이 대신함에 따라 고객 만족도가 떨어지거나 클레임이 발생할 것을 두려워합니다.

이 장벽들을 극복하는 방법은 '3년 후의 나'를 상상하는 것입니다.

예전에, 필자 역시 업무를 위임하지 못하고 죄다 떠안았던 시기가 있었습니다.

그때 사장님이 한 말씀이 "시간축을 늘려라."였지요.

"당장 이번 달, 다음 달 일만 생각한다면, 하시모토 자네가 직접 하는 게 확실하고 빠르겠지. 하지만 1년, 3년, 5년으로 시간축을 늘려 생각해 봤으면 하네. 지금 하고 있는 일을 계속하면 3년 후에는 지금과 똑같은 바쁨과 성과가 기다리고 있을 거야. 하지만 사람을 키울 수 있다면 하시모토는 더 큰 일을 할 수 있겠지. 자네가 창출하는 가치는 조직의 힘을 사용함으로써 증폭되어 자유 시간을 얻을 수 있게 되네. 결과적으로 수입이 증가하거나, 직책이나 책임의 범위가 넓어질 거야. 자네는 어떤 3년 후를 원하나?"

당시 필자는 그 말이 일리 있다고 생각했습니다. 한 사람의 인간으로서 탁월하지만 일에 쫓기는 3년 후보다, 차례차례로 새로운 미래를 향한 포석을 두는 시간을 확보하면서 조직의 힘을 사용해 큰 가치를 만들어낼 수 있는 3년 후를 희망했지요.

위임하는 것은 확실히 무섭습니다. 그 마음은 아플 정도로 잘 압니다.

하지만 위임함으로써 사람은 자라고, 조직 인재의 층은 두꺼워집니다. 그리고 조직의 힘은 헤아릴 수 없는 큰 미래의 창출로 이어집니다.

"조직 문제의 98%는 시스템 문제이고, 2%가 사람 문제"

- 윌리엄 에드워드 데밍 William Edwards Deming (미국의 통계학자)

조직 퍼포먼스를 최대화하기 위해서는 특정 구성원이 바뀌어도 호실적과 좋은 인간관계가 양립하는 조직을, 재현성을 갖고 실현할 수 있는 것이 중요합니다.

(중략)

호실적과 좋은 인간관계를 양립시켜 나가기 위해서는, 재현성이 있는 구조를 구축해 나가는 것이 필요합니다. 그리고 더 나은 시스템으로의 이행은, 팀장의 책임 중 하나입니다.

제5코스

호실적과 좋은 인간관계를 양립시키는

체계화 기술

'체계화'로 영속적인 조직 퍼포먼스의 최대화를 실현하다

리드 매니지먼트의 마지막 기술은 **체계화 기술**입니다.

인재 육성에만 초점을 맞춘다면, 제1~4코스까지의 내용을 실천하는 것만으로 인재가 자라나는 좋은 환경과 문화를 갖춘 조직이 되어 갈 것입니다.

하지만 조직이란 항상 사람이 대체되며, 환경 대응을 위해 변화해 가는 존재입니다.

예를 들어, 기업의 경영 전략 실현을 위해 현재 활약 중인 조직 내 2인자가 갑자기 타 부서의 요직으로 이동할 수도 있고 가정 형편 등의 부득이한 사정으로 이직할 수도 있습니다.

또 여러분 자신 역시 새로운 부서로 이동하여 재건을 요구받을지도 모릅니다.

그렇기 때문에 '특정 개인에 지나치게 얽매인 목표 달성이나 조직 운영'에는 리스크가 있으며, 이는 결코 지속 가능한 조직 운영이라고 할 수 없습니다.

필자가 근무하는 어치브먼트는 조직 퍼포먼스를 최대화하기 위해서는 "특정 구성원이 바뀌어도 호실적과 좋은 인간관계가 양립하는 조직을, 재현성을 갖고 실현할 수 있는 것이 중요"하다고 생각해 왔습니다.

다음 그림과 같이 '세로축에 업적, 가로축에 인간관계'를 배치한 경우, 리드 매니지먼트가 목표로 하는 것은 우측 상단(동그랗게 음영 처리된 부분)의 조직이 됩니다.

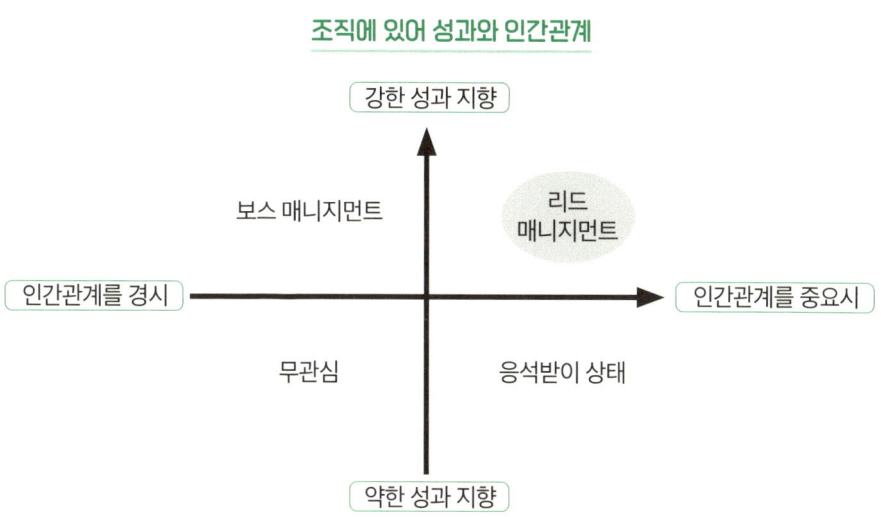

좋은 실적을 거두고 있더라도 인간관계가 열악하면 인재가 자라지 않고 일부 직원만 필사적으로 일하는 구도가 되거나, 이직이 끊이지 않는 조직이 되어 버립니다.

반대로 인간관계는 양호해도 실적이 나쁘면 편안하고 친근한 분위기에 상호 의사소통은 좋아도, 고객에게 제공하는 가치의 품질을 보장하기 어려워지기도 합니다.

목표가 달성되지 않기 때문에 팀원의 보수 인상이나 회사의 미래를 위한 투자도 할 수 없습니다. 단기적으로 인간관계가 좋다고 해서 장기적인 삶의 보람이나 가치로는 이어지지 않을지도 모릅니다.

둘 중 어느 쪽도 조직 퍼포먼스가 최대화되어 있다고는 말할 수 없습니다.

여러분의 조직은 현시점 어디에 위치합니까?

괜찮다면 팀원들과 의논해 보시기 바랍니다.

호실적과 좋은 인간관계가 양립한 조직의 3단계

호실적과 좋은 인간관계를 양립시켜 나가기 위해서는 리드 매니지먼트의 실천이 불가결합니다. 그러기 위해 필요한 것이 다음 3가지입니다.

- 언어화
- 공감화
- 체계화

이 중 **언어화**는 제3코스에서도 말한 것입니다.

"애초에 이 조직은 무엇을 위해 존재하며 어떤 미래를 목표로, 어떤 가치관을 소중히 하고 있는가?", "어떤 사람들의 집단이 되고 싶은가?"를 지도부가 언어화하는 것입니다.

경영자라면 기업의 이념이나 비전을 언어로 만들어야 하며 그게 아니라도 팀장이 "우리가 어떤 팀이 되었으면 하는지"를 명확히 하는 것으로 상관없습니다. 그리고 언어화된 목적이나 가치관을 항상 발신하여 전원이 공유할 수 있는 상태로 만듭니다.

공감화는 제1코스에서 말씀드렸던 것입니다.

언어화한 것을 팀원 개개인에게 공감받기 위해서는 우선 팀장이 팀원의 '좋은 세계'로 들어가야 합니다. 그러려면 먼저 팀장 자신의 '좋은 세계'에 팀원을 넣는 것부터 시작해야 합니다.

그리고 팀원의 목적·목표를 명확하게 하는 지지나 그것의 실현을 향한 성장 지원을 실시합니다. 그럼으로써 팀원의 사고가 확장시켜 간다면, 회사의 이념이나 비전에도 당사자 의식을 가질 수 있게 되어 자기 일로 공감할 수 있게 되어 가는 것입니다.

마지막이 **체계화**입니다. 이 장에서 다룰 내용입니다.

팀·조직·기업 자체에 '언어화→공감화→체계화'의 사이클을 계속 돌려, 언제 누가 바뀌어도 재현성이 있는 상태를 만드는 것입니다.

미국 통계학자 윌리엄 에드워드 데밍 William Edwards Deming 박사는 말년에 "조직 문제의 98%는 시스템 문제이고, 2%가 사람 문제"라 말했습니다.
호실적과 좋은 인간관계를 양립시켜 나가기 위해서는, 재현성이 있는 구조(=시스템)를 구축해 나가는 것이 필요합니다. 그리고 더 나은 시스템으로의 이행은, 팀장의 책임 중 하나입니다.

팀원이 목적·목표를 명확히 하고 계속 성장하게 하는 방법

체계화 방법론은 다양합니다.

다만 독자 저마다의 팀·조직·기업은 규모도, 인원도, 환경도 다르므로 "이렇게 하세요."라 전한들 반드시 실천할 수 있다고는 할 수 없을 것입니다.

그리하여 이번 장에서는 필자가 근무하는 어치브먼트가 "팀원 개개인의 목적·목표를 명확히 하고 계속 성장하는 것", "호실적과 좋은 인간관계가 양립하는 조직으로 계속 남는 것"을 목적으로 시행하고 있는 몇 가지 시책을 소개하고자 합니다.

시책1: [주 1회 전사 회의]에서의 가치 경영

첫 번째는 주 1회 전사 회의입니다.

어치브먼트에서는 매주 월요일 주간 2시간 동안 영업부와 관리부까지 포함한 전 지사가 모든 업무를 멈추고 전사 회의를 열고 있습니다. 각 지점은 온라인으로 참석하지만, 지사 자체적으로는 한곳에 모두 모여서 전반 1시간은 연락사항을 공유하고 후반 1시간은 임원 메시지를 전하는 데 사용합니다.

연락사항을 전하는 전반에는 단순히 정보 전달뿐 아니라, 회사, 상품, 직업, 자신감이 생길만한 정보를 제공하고 있습니다.

회사에 대한 자신감의 경우, 자사가 사회적인 평가를 받은 사례 등을 공유하는 식입니다.

예를 들어, TV 프로그램이나 미디어 등에서 자사를 다룬 사실을 자주 공유합니다. 언론 보도는 전 사원이 회사에 대한 자신감을 고취하는 계기가 되고 있습니다.

상품에 대한 자신감은 어떨까요? 신상품이 발표되었을 때는 상품 개발팀으로부터 정성스럽게 개발의 목적을 비롯해 "어떤 고객에게 공헌하기 위한 서비스인지", "구체적인 상품 내용은 어떠한지" 등을 공유받습니다.
단순한 판매 방법이나 가격 발표가 아니라, 상품이 가진 가치와 그에 대한 확신이 깊어지는 안내에 시간을 할애하고 있습니다.

직업에 대한 자신감을 말하자면, 우리 어치브먼트와 같은 교육 컨설팅 사업의 성과란 바로, 고객의 성과 그 자체입니다. 그러므로 자사의 상품을 활용해 고객에게 큰 성과나 감동적인 에피소드가 생겨난 사례(고객의 목소리) 등을 공유합니다.
과거에는 자사의 연수를 수강하고 올림픽 출전권을 따낸 운동선수나 주식을 점두 시장에 공개한 기업 경영자에게 받은 영상 메시지 등을 소개했습니다.

후반의 임원 메시지에서는 사장과 임원이 1시간에 걸쳐 메시지를 발신합니다. 여기서는 달성해야 할 수치나 업무 할당량 이야기는 일절 하지 않습니다.
"우리 기업은 누구를 위해, 무엇을 위해 존재하는가?", "어떤 조직이 되고 싶은가?", "사회에 어떤 가치를 제공하고 싶은가?" 등의 가치관 측면이나 "사원 모두 얼마나 훌륭한지", "모두에게 기대하고 있는 마인드나 업무에 임하는 방식은 무엇인지" 등의 기대를 각 임원의 관점으로부터 이야기합니다.

시책2: 팀원끼리 서로 배우는 [영업팀 회의]

두 번째는 영업팀 회의입니다.

주 1회 전사 회의 직후, 어치브먼트에서는 전 지사의 영업팀만 남아 30분가량의 온라인 회의를 합니다.

여기에서는 숫자 이야기(목표 수치를 향한 진척 이야기)를 합니다.

다만 일반적인 영업 회의와 다른 점은, "A는 예산 달성, B는 미달성…… B, 이번 주에 어떻게 할 건가?" 같은 이해득실을 따지는 질책 회의가 아니라는 것입니다.

한 사람 한 사람에게 "지난 한 주 동안 성장했다고 생각하는 것", "고객과 있었던 즐거운 에피소드" 등을 발표합니다. 그 밖에도 지난 1주일간 높은 실적을 낸 사람에게는, "어떻게 그런 성과를 낼 수 있었는가?"에 대해 발표해 달라 부탁해 정보를 공유하고 있습니다.

각자가 내놓는 정보에 의해, 서로가 배울 수 있는 구조를 지향하고 있기 때문입니다.

숫자 이야기에서도 "전사 예산은 얼마이며, 달성률은 현재 몇 퍼센트" 같은 사항은 말하지 않습니다. 그건 팀장이 알아야 도움이 될 이야기이므로 그렇습니다.

중요한 것은 팀원의 목적·목표를 달성할 수 있는 1개월, 1주일로 만들어 나가기 위해 회의를 실시하는 것입니다. 그러므로 "1주일간 어디에 집중해 주었으면 하는가" 등, 팀원의 관점에 서서 유용한 정보가 되도록 유의합니다. 모든 ==회의는 개개인의 성장과 목적·목표 달성을 위해 실시해야 하며, 그 전제로 체계화==하고 있는 것입니다.

시책3: 목적·목표 달성을 지지하고 지원하는 [팀 회의]

시책1과 시책2는 어치브먼트 회사 전체의 시책입니다. 이와 별개로 세 번째 방법으로 팀장 개개인이 독자적으로 팀 회의를 여는 경우도 물론 있습니다. 정례적으로 매주 무슨 요일, 몇 시로 정해진 부서도 많지만, 의무는 아니기 때문에 모두 팀장 재량에 맡겨져 있습니다.

팀장 자신이 "우리 팀에서는 어떤 가치관을 소중히 했으면 하는지, 어떤 팀을 만들어 가고 싶은지"를 묘사하고 언어화합니다. 벽에 써 붙이거나, 책자로 만들거나, 슬라이드로 제작하거나 하여 가시화하여 발신하는 것입니다.

예를 들어, 필자의 팀에서는 아침 8시 30분부터 1시간 동안 팀 회의를 열고 있습니다.

팀 회의 내용은 다음과 같습니다.

- 팀원 개개인의 목적, 목표 되돌아보기
- 팀 내 모범 사례 공유
- 간직해 주었으면 하는 가치관의 메시지
- 팀원 간 업무 진척 공유
- 액션 플랜(이번 주 꼭 해주었으면 하는 것)의 반영
- 조직적으로 임하고 있는 과제를 그 자리에서 일제히 실시하기(서류 제출 등)

회의의 내용을 1시간의 틀에 맞게 이 중에서 취사선택하고 있습니다. 팀장이 이번 주에 무엇에 중점을 둘지, 지금 팀 상태에서 어떤 것을 중시해야 할지, 유연하게 내용을 결정해도 상관없습니다.

다만 팀 회의의 경우에도 한 사람 한 사람이 목적·목표에 되돌아가, 행동하고 도전해 나가도록 동기부여 하는 것을 잊어서는 안 됩니다. 팀 회의는 이것을 목적으로 진행됩니다. 개인의 목적·목표 달성을 지지하고 지원하기 위한 회의임을 큰 목적으로서 명심하고 있어 주세요.

또 실시할 때는 근로계약이나 인사 규칙에 맞추어, 사용할 수 있는 시간을 활용하면 됩니다. 반드시 아침 8시 30분부터여야 하는 것은 아닙니다.

시책4: 과거와 미래를 이야기하는 [상사-부하 면담]

네 번째 시책은 반기에 한 번 이루어지는 상사-부하 면담입니다.
회의와 같은 일대다와 별개로 일대일 면담도 체계화의 일부입니다.
면담 중에는 성장 지원이나 업무 개선을 위한 커뮤니케이션 목적으로 일상적으로 실시하는 것도 있습니다.

그러나 여기에서 말하는 반기당 한 번의 상사-부하 면담은 팀원의 성장 지원을 목적으로 최근 반년을 되돌아보고, 미래에 대해 이야기를 나누는 시간입니다.
어치브먼트에서는 10~3월에 상반기 성과를 정리하여 5월에, 4~9월의 하반기 성과를 정리해 11월에 면담합니다(4월과 10월은 정리 기간).
1인당 30분씩을 확보하여, 연봉 협상과 함께 반년간의 반성과 성장 과제를 명확하게 되짚어 봅니다.

면담에서는 팀원에게 최근 반년을 돌아보게 합니다.
그리고 목표 대비 성과는 어떠했으며, '좋았던 점', '더 잘할 수 있는 점'을 자기 평가로서 이야기하게 합니다. 그다음에 팀장 입장에서 팀원에게 '좋았던 점', '기대하고 있는 점'을 전달합니다.
반성이 마무리되면 앞으로 반년 동안 "어떤 목표를 향하고, 어떤 성장을 추구할지"를 이야기합니다. 이렇게 이야기할 시간을 마련하는 것이 중요합니다.

반기에 한 번인 상사-부하 면담은 "팀원 본인의 반성 계기 마련과 미래를 향한 성장 지원"이라는 목적과, 말하는 순서와 항목만 지킨다면 어느 정도 사적인 대화가 되어도 상관없습니다.
만약 비슷한 면담이 이미 있다면, 거기에 요소를 추가하거나 팀에 맞추어서 앞서 말한 상사-부하 면담으로 재구성하는 것도 좋습니다.
기간도 반년에 한 번이 아니라, 3개월에 한 번이 되어도 좋습니다. 각자 팀 사정에 맞추어 설정하세요.

시책5: 기업 철학에 기초한 [개인 표창 제도]

어치브먼트에는 '어치트먼트 필로소피'라는 7가지 행동 지침(철학)이 있다고 제3코스에서 알려드린 바 있습니다. 회사로서의 사고방침을 『코퍼레이트 스탠더드』와 같은 책자로 만들어 배포하는 것도 체계화 중 하나입니다.
이를 활용하기 위해 어치브먼트에서는 매해 지난 1년을 통틀어 기업 철학을 가장 잘 살려 조직에 긍정적인 영향력을 발휘한 사원을 '어치브먼트 필로소피 시상식'에서 표창하고 있습니다.

7가지 행동 지침에 대해 3개월에 한 번 주기로 "최근 3개월간 각 필로소피(기업 철학)를 가장 잘 살린 사람은 누구인가?"를 동료들이 설문으로 투표하고 인사부가 정리합니다.

그리고 1년이 지난 후 각 필로소피에서 가장 많은 표를 획득한 사람이 '올해의 □□'로 표창받는 겁니다.

표창 받은 사원은 1년 내내 어떤 철학이나 신념을 고수해 왔는지에 대해 모두 앞에서 발표합니다.

이것은 **모델링이라는 기술을 활용한 체계화**입니다.

"자사의 귀감이 되는 인물로 누구를 조명할 것인가"를 염두하고 표창을 실시함으로써, "어떤 인물로 성장하면 기업 내 영웅이 될 수 있는지"를 명확하게 하고 있습니다.

어치브먼트는 '목표 달성'이란 결과를 내고 있는 사람이면서도, 회사가 소중히 여겨주었으면 하는 가치관을 특히 더 소중히 여기는 사람을 조명하고 표창합니다.

표창 제도는 수질 관리에 영향을 주는 조치기도 합니다.

예를 들어 사내 규칙도 지키지 않고, 행실도 나쁘고, 발언도 부정적이지만 매출은 높게 달성하는 인물이 있다고 합시다. 이런 경우 탁월한 성과를 내는 능력은 칭찬하지만, 언행 측면은 타 팀원이 따라 하고 싶지 않아 하지요.

그런 경우는 사원 투표에서도 이름이 나오지 않고, 물론 최종 표창대에 오르지도 않습니다. 어디까지나 기업 철학을 행동으로 체현하고 있는 모델 사원을 표창하고, 무대에서 메시지를 청해 듣기 때문에 자사가 소중히 하고 있는 문화를 전사에 높이 드러낼 수 있습니다.

어치브먼트 표창 제도 자체를 복사해다 적용하기는 어려울 수 있습니다. 그러나 따라 하고 싶은 부분만을 범주화하여 팀 내에서 표창하는 구조 자체는 참고가 될 것입니다.

시책6: 성장 과정을 가시화하는 [등급 제도]

여섯 번째 시책은 인사평가제도입니다.

인사평가제도라면 이미 사내에 구축된 기업(독자)도 꽤 있을지 모르겠습니다만, 어치브먼트의 경우 '등급 제도'로 되어 있습니다.

8등급은 기초, 7등급은 응용, 6등급은 솔선수범, 5등급은 사원 육성, 4등급은 리더 육성…… 식으로 점점 올라갑니다.

입사한 모든 사원은 8등급부터 시작하며, 1등급을 목표로 합니다.

인사 평가를 위한 등급 제도

직책	등급	역할
대표이사	1	경영자
총괄 팀장	2	부서 총괄
시니어 팀장	3	팀장 육성
	4	리더 육성
팀장	5	사원 육성
리더	6	솔선수범
	7	응용
	8	기초

또한 각 등급에는 설명이 존재합니다.

가령 영업부의 8등급(기초)이라면 "모든 상품의 이점과 특징을 말로 설명할 수 있다.", "능력 개발이나 인재 육성에 관한 성공 철학이나, 선택 이론 심리학 서적을 독파하고, 기초 지식을 가지고 있다.", "1개월당 고객 24명과의 약속을 신규로 잡을 수 있는 행동량을 담보하는 기술이 있다.", "프레젠테이션으로 3명 중 1명은 계약을 성사시킬 수 있는 프레젠테이션 기술이 있다." 등입니다.

이런 식으로 노하우나 기술 등의 성장 주제를 명문화하고 있습니다.

각 등급에서 요구되는 '무엇을 할 수 있는지'가 명확하기 때문에 팀장과 팀원 모두 이것을 '공통 언어'로 삼아 대화할 수 있습니다.
예를 들어 신입 C에게 "진심으로 하고 있다면 누군가가 그걸 보고 너를 끌어올려 줄 테니 최선을 다하라."처럼 막연한 기준으로 조언하지 않는 겁니다.
대신 "7등급의 마인드, 노하우, 기술 중 무엇이 이미 되어 있다고 생각하고, 반대로 무엇이 성장 과제라고 생각하고 있는가?"를 자기 평가로 본인이 고찰한 후에 이미 언어화되어 있는 공통 기준을 토대로 피드백할 수 있습니다.

팀장도 "내가 볼 때는 이 지식이 필요해.", "이 활동량이 낮으니까 높이는 편이 좋겠어." 같이 사실을 바탕으로 하여 대화할 수 있지요.
그러니까 구체적인 지시를 할 때도 "앞으로 반년간은 '고객 24명과의 약속을 목표로 행동한다'처럼, 활동량을 여러분의 성장 주제로 하여 임해 봅시다."라 말할 수 있는 것입니다.
"상사마다 평가 기준이 다르다.", "같은 상사라도 매번 승진에 필요한 기준이 다르다." 같은 변수는 팀원들에게 스트레스를 줍니다. 상사가 누구든지, 등급이 오르기 위해 공통의 기준만을 충족시켜 나가면 되게끔, 공정을 유지하는 것이 중요합니다.

앞서 제2코스에서 팀원의 사고방식이나 지식, 업무 기술 측면에서의 성장, 그리고 팀장이 미래를 보며 육성 디자인하는 방법 등에 대해 전해 드렸습니다.

등급 제도가 있다면 팀장은 팀원 개개인의 '성장 과제'를 분명히 하여, 그에 맞춰 성장을 의도한 목표 설정이나 정보 및 기회를 제공할 수 있습니다. 말하자면 연습 시간을 주는 것과 비슷하죠.

팀원 역시 '오른손(=행동)'이 명확해지기 때문에 보다 능률적으로 일할 수 있고, 결과적으로 퍼포먼스가 향상되게 됩니다.

자사의 팀·조직에 맞는 것부터 시작한다

자세히 말하면, 아직 다 쓰려면 멀었을 정도로 호실적과 좋은 인간관계를 지속적으로 양립시키기 위해 어치브먼트가 취하고 있는 조치는 여러 개입니다.

일례로 다음과 같은 것들이 있습니다.

- 복리후생의 일환으로 고객과 동일한 강의 서비스를 전 사원이 수강할 수 있으며, 개인의 인생 설계 및 목표 달성 기술을 배울 수 있다.
- 3개월당 한 번, 전사가 3개월간의 노력을 프레젠테이션하고 울고 웃는 킥오프 회의를 한다.
- 팀장에게는 팀원의 달성을 격려하거나 팀의 유대를 돈독히 하는 데 사용할 수 있는 달성지원금이 정액으로 지급된다.

중요한 것은 일단 해보는 것입니다.

어치브먼트는 지금도 매일 시행착오를 반복하고 있습니다.

기업 이념이 '양질 추구'이기도 한 만큼 당사는 항상 개선을 반복하고 있으며, "더 좋은 구조는 없을까?" 하고 각 부서가 궁리를 거듭하고 있습니다.

한 사람 한 사람이 목적·목표로 되돌아가기 위한 '조례'부터 시작하자

이러한 구조 및 조치 중에서, 당장 내일부터 시작할 수 있는 것으로 추천하는 것은 바로 **조례**입니다.

일반적으로 조례라고 하면 상의하달로, 윗사람의 의견이나 생각을 아랫사람에게 명확하고 원활하게 전달하고자 실시되어 왔습니다. 시간은 10~15분 정도 될 겁니다.

하지만 어치브먼트의 조례는 다릅니다. "한 사람 한 사람이 목적·목표로 되돌아가기 위한 기회"가 되는 것을 목적으로, 매일 30분에 걸쳐 시행하는 것입니다.

독자 중에는 원격근무가 주를 이루거나, 회의 시간이 별로 남지 않거나,

회의가 있어도 연락만으로 끝나는 것이 통례인 곳이 있으리라 생각합니다. 좀처럼 구조를 바꾸기가 어려울지도 모릅니다.

그렇다면 매일 조례로부터 시작해 보세요.

먼저 어치브먼트의 방법을 소개하겠습니다.

영업부라면 어제의 성과보고를 합니다(성과는 사전에 화이트보드 등에 써 둡니다).

예를 들면 "고객 A 씨가 3일간의 ●● 강의 서비스를 신청해 주셨습니다."라 쓰여 있다고 합시다(이름은 가명). 그러면 "사토 씨가 ●● 강의 서비스의 계약을 맡고 있습니다. 축하합니다!"라고 말하며 모두 박수를 칩니다.

박수가 끝나면, 담당자가 앞으로 나와 "감사합니다. 고객 A 님은 이러한 인연으로 만났으며 이러한 생각을 가진 분으로, 이러한 이유로 이번에 서비스 신청을 해 주셨습니다. 담당자로서 계속 신경 써서 챙기겠습니다!"란 식으로 발표합니다. 이를 팀원 1명당 20~30초 정도 시간으로 실시합니다.

보고에 의해서 어떤 고객이 어떤 이유로 자사를 선택하고 있는지, 사례 공유를 할 수 있습니다. 팀원에게는 "나도 발표할 수 있으면 좋겠다."란 동기부여도 되고, "고객이 좋아할 상품이다."라는 상품 및 서비스에 대한 자신감도 생기는 자리가 됩니다.

성과 보고가 끝나면 공유 시간을 보냅니다. '이번 주의 공유 주제'가 사내에 있어 그것을 나누는 것입니다. 예를 들어 "당신의 입사 동기는 무엇입니까?" 항목이 있으면, 그것을 팀원끼리 3분 정도 이야기하게 합니다.

입사 동기 외에도 주제로는 "당신이 이번 달에 가장 이루고 싶은 것은 무엇입니까?", "당신의 제2사분면은 무엇입니까?" 등이 있으며, 정기적으로 주제를 바꾸어 진행합니다.

목적·목표를 명확하게 해 자신의 사고와 행동을 그쪽으로 향하게끔 하는 시책 및 구조의 일환이 바로 '물음'입니다. 더 나아가 공유함으로써 머릿속의 생각을 분명히 밝히는 기회도 됩니다.

공유는 잡담 기반 대화라도 상관없으므로 주변에 앉은 사람 혹은 별로 이야기한 적 없는 사람과 2인 1조, 또는 3인 1조로 실시합니다.

공유를 마치면 2~3명을 지목하여, 공유 주제에 대해 이야기 나눈 바를 전체에 발표합니다. 적극적으로 손을 든다면 지정할 필요가 없지만, 그러지 않을 때는 팀장의 재량으로 진행합니다.

마지막으로 조례에 참여하고 있는 상위직급자가 모두의 이야기를 들은 후 마무리 발언을 합니다.

어치브먼트에서는 이 조례를 회의록에 기록하고 전 지점에 전달하여, 참가하지 못한 사람도 훗날 열람할 수 있도록 안배하고 있습니다.

빠트려서는 안 되는 '하루의 흐름'과 '가장 중요한 목표'의 공유

이 조례가 끝난 후에 다시 4~5명의 소그룹으로 전체를 나눕니다. 소그룹은 둥글게 둘러앉아 각자의 스케줄과 목표를 공유하는 조례를 실시합니다. 전체 조례가 끝난 후 바로 이어서 과별 조례를 하는 느낌이죠?

여기서는 팀원 한 명 한 명의 오늘 하루아침부터 저녁 복귀까지의 스케줄과 오늘의 가장 중요한 목표를 발표합니다.

마지막으로 모두가 "오늘도 힘내자!"라고 합창하고 조례를 마칩니다. 이 조회를 함으로써, 팀원들에게 오늘 하루의 흐름과 가장 중요한 목표를 생각해 두어야 한다는 분위기가 조성됩니다. 자연스럽게 생각을 활발히 하게 되어, 한 사람 한 사람이 목적·목표에 집중하는 육성 기회가 되는 것입니다.

솔직히 지금까지 말씀드린 내용만으로 "과하다"라고 생각하실 것 같습니다.

필자는 이미 익숙해졌기 때문에 신경 쓰이지 않습니다만, 확실히 신입이 들어왔을 때 처음에는 놀란 반응을 보이곤 하더군요. 그래도 필자의 기업은 채용 시부터 방향성과 에너지를 공유했기 때문에 곧바로 적응해 주고 있습니다.

여러분이 이를 따라 시행할 때, '연락사항 공유', '주제를 정한 공유 시간', '팀장의 마무리 발언', '오늘 하루의 흐름과 최중요 목표의 공유' 정도만 해도 좋습니다. 시작해 보세요. 15분이라도 가능하니, 꼭 해보셨으면 좋겠습니다. '오늘 하루의 흐름과 최중요 목표'는 왼손과 오른손을 분명하게 특징지을 수 있으니 특별히 추천합니다.

이번 코스에서는 필자가 근무하는 기업 어치브먼트의 사례를 바탕으로 체계화의 이야기를 전해 보았습니다. 리드 매니지먼트를 활용해 호실적과 좋은 인간관계를 영속적으로 양립시키기 위해서는 역시, 체계화가 중요합니다.

구조를 만들기 위해서는 우선 시작해 보고 계속하여, 습관화해 '하는 것이 당연'하도록 해 나가는 것이 필요합니다.

여러분이 이 첫걸음을 내딛길 바랍니다.

5코스  체크리스트

- [ ] 조직의 목적·목표를 언어화하고 공통 언어로 정리한다.
- [ ] 팀원이 항상 목적·목표로 되돌아가, 대화하는 시간을 마련한다.
- [ ] 팀장은 가치 경영 가치관을 전체에 메시지로 발신한다.
- [ ] 귀감이 되는 인재를 표창하는 기회를 만든다.
- [ ] 아침에 '오늘 하루의 흐름'과 '가장 중요한 목표'를 명확히 하고 시작한다.

column 완벽한 팀장도 없고, 완벽한 팀원도 없다

필자가 매니지먼트 암흑기에 있을 때, 사장님으로부터 "하시모토 밑에서 일하는 사람들은 행복한가요?"라 질문받은 적이 있습니다. 대답하지 못했죠.

"수치가 올라가고 있는가?", "목표를 달성하고 있는가?"라 물은 것은 아닙니다. "행복해지고 있는가?"라는 물음에서, 사장님께서 팀장에게 진심으로 원하는 바를 느꼈습니다.

그리고 "팀원 뒤에는 부모님이나 가족이 있으니, 그것을 잊지 말라."는 말씀도 들었지요.

필자 역시 딸과 아들이 있습니다. 그들이 사회에 나가서 어느 기업에 취직한다면, 어떤 상사에게 맡기고 싶은지를 생각해 볼 때도 있습니다.

개인적으로는 제대로 꾸짖는 상사가 좋겠습니다. "사회인으로서 좋지 않은 일이므로, 개선을 위해 보고서를 쓰세요."라며 꾸짖는 의미나 의의를 말해주는 상사. 그러면서도 "당신에게는 훌륭한 가능성이 있어요. 반드시 할 수 있으니 힘냅시다."라 성장을 믿어주는 상사. 부디 그런 사람과 만났으면 좋겠다고 아버지로서 생각합니다.

그럼 그런 자신은 과연 팀원들에게 '어떤 상사'일까요?

필자는 지금까지 몇 번이고 '완벽하고 완전한 상사'를 목표로 노력해 왔습니다. 하지만 그때마다 불완전한 스스로를 깨닫게 되었고, 타격도 받아왔지요.

팀원을 두고 "이 친구는 무리겠지."라 포기하고 있는 나, "이 직원과는 안 맞아." 하며 멀리 치워버리는 나, "어차피 언젠가 그만두겠지."란 생각에 인정하고 있지 않는 나…… 그것을 옆에서 그 팀원의 부모님이 보고 있었다면, 필자는 대체 어떤 상사로 보였을까요?

사장님의 말씀을 듣고 당시 필자는 '더 좋은 상사가 되어야지.' 하고 생각했습니다. 그리고 지금은 '최선/개선을 계속 추구하는 상사'가 되는 것이 중요하다고 생각합니다.

완벽한 상사는 없습니다. 완벽한 부하도 없지요. 그래서 잘해 나가는 것을 포기하지 않고, 계속 추구하는 상사가 되는 것이 최선이라고 생각합니다.

팀장은 중간관리직으로, 팀원을 회사 결정에 의해 배속받습니다. 그래서 많은 경우 자신의 의사로 선택할 수 없습니다. 하지만 동시에 팀원도 상사를 선택할 수 없습니다. 지정된 상사 밑에서 꽃피울 수밖에 없는 겁니다. 어떤 팀장을 만나는지에 따라, 그 사람의 인생이 달라집니다.

팀장으로서 완벽하지도, 완전하지 않아도 좋습니다. 다만, 보다 나은 자신으로 계속 성장하는 팀장이 되고 싶습니다. 필자는 그것이 최고의 상사라고 믿고 있습니다.

마치며

팀장 자신도 스스로에게 기대하고, 성장을 계속해야 한다

독자 여러분, 끝까지 읽어주셔서 감사합니다.

리드 매니지먼트는 팀원의 성장을 통해 조직 퍼포먼스를 최대화하는 것을 목표로 하는 매니지먼트 기법입니다.

성장이란 개개인의 목적·목표의 달성이자 마인드, 노하우, 기술의 향상을 뜻합니다만, 궁극적으로는 인재를 육성하는 것입니다. 그럼으로써 팀장의 시간을 미래 투자에 사용할 수 있게 되고 조직 퍼포먼스도 올라갑니다.

이제 마지막으로, 조금 시야를 넓혀 보도록 하겠습니다.

팀장은 '그 팀'에 있어서 지도부(top)입니다.

그러나 팀장에게도 상사가 있지요. 상사 입장에서 보면 팀장도 팀원 중 한 명이며 팀장인 여러분이 팀원이 성장해 주면 좋겠다고 생각하듯, 상사 역시 여러분이 성장해 주기를 바라고 있습니다.

이는 즉, 성장은 팀원들만의 과제가 아니라는 뜻입니다.

필자는 지금까지 많은 벽에 부딪혀 왔습니다.

조직으로서의 목표 달성은 하고 있더라도, 팀원에게 미움받거나, 팀원들이 이직(퇴직)하거나, 전출하거나, "저는 안 되겠습니다. 죄송합니다."라 자기 부정을 당하는 일이 속출했습니다. 스스로도 팀원들에게 말도 제대로 하지 못한 채 자신을 잃어갔습니다.

그럴 때 필자를 지탱해 준 것은 필자의 성장을 믿어주던 당시 사장님이나 상사로부터 받은 리드 매니지먼트에 의한 관계였습니다. 그것이 있었기에 벽에 부딪혀도 계속 성장할 수 있었다고 생각합니다.

팀장이라는 직무는 때때로 고독을 느끼는 일입니다.

팀의 책임을 작은 등에 홀로 오롯이 짊어져야 할 때도 있습니다.

그럴 때 '회사 탓이야.', '사장님 때문이야.', '저 사람이 문제야.'라고 자신이 아닌 외부 원인으로 인해 작금의 사태를 맞았다고 생각해 버리면, 성장하지 않습니다.

그러지 말고 '100%, 지금 내 마음의 투영인 거야.' 그렇게 마음먹고 굳게 버텨낼 수 있는 사람만이 성장합니다.

그것은 자기 부정과는 전혀 다릅니다.

오히려 "내가 더 잘 성장하면 반드시 상황은 좋아질 것"이라는 기대를 자기 자신에게 계속해서 자기 암시하는 것입니다. 팀장이 팀원에게 전하고 있는 '가능성을 보고 가는 관계'를 스스로에게도 돌리는 것이 중요합니다.

"역경은 성공의 전주곡이다."란 말이 있습니다.
혹시 지금, 팀장으로서 벽에 부딪혀 있나요? 비록 지금은 힘들지라도 훌륭히 극복하고 몇 년 후에 뒤돌아봤을 때는 '왜 그렇게 고민하고 있었을까?'라 생각할 정도로 성장한 자신을 느끼는 날이 분명 올 터입니다.

세상에는 '난 나쁘지 않아, 부하가 나쁜 거야(부하가 문제야).'라 생각하는 상사도 적지 않습니다.
하지만 여러분이 이 책을 펼치고 끝까지 읽었다면 이는 이미 '어떻게 해야 더 좋은 팀장이 될 수 있을까?'를 고민하며 스스로 정보를 얻고자 한다는 증거입니다.
즉, 팀장으로서 성장하고자 하는 마인드가 매우 강하다는 것이죠.
그 사실에 자신감을 가지세요. 필자는 그런 마인드를 갖춘 상사 아래서 일하는 부하는 행복하리라 생각합니다.

여러분이 부딪히고 있는 벽은, 앞으로 여러분의 부하가 성장하여 매니지먼트의 '운전대'를 잡기 시작했을 때 똑같이 부딪힐 벽입니다.
그때는 모쪼록 여러분이 매니지먼트에 관해 나누고, 많은 부하의 성장을 거들어

줄 수 있길 바랍니다.

마지막으로 한 말씀을 더 드립니다.
"사람은 바꿀 수 없다. 그러나 사람은 변한다."
이 책을 읽은 시점에서, 여러분은 바뀌는 첫걸음을 내디딘 것입니다. 앞으로는 용기를 가지고 실천해 나가시길 바랍니다.

이 책을 끝맺기 전에, 아오키 사토시青木仁志 사장, 사토 히데오佐藤英郎 상담역, 당시 매니지먼트를 배우는 계기를 주신 무라타 이즈미村田泉 씨에게 감사드립니다. 또한 함께 팀을 만들어 나가는 우리 팀원들, 평소 리드 매니지먼트 강좌를 통해 교육을 받으며 배우고 있는 수강생 여러분에게도 진심으로 감사의 말씀을 드립니다.
그리고 이 책을 정리하는 데 있어 많은 시간을 할애해 주신 오자와 유리코小澤由利子 씨, 모리모토 카즈키森本和樹 씨, 오카구치 히토미岡口瞳美 씨에게 감사를 전하며, 마지막으로 항상 지지해 주는 고마운 안내 키코와 가족에게도 감사를 전하고 싶습니다.

2024년 8월
하시모토 다쿠야橋本拓也

참고문헌

- 『선택 이론』, 윌리엄 글래서 저, 김인자·우애령 역, 한국심리상담연구소, 2017년. (원서 『Choice Theory: A New Psychology of Personal Freedom』, 1998년 출간)
- 『テイクチャージ 選択理論で人生の舵を取る(테이크 차지: 선택 이론으로 인생의 키를 잡다)』, 윌리엄 글래서 저, 카키타니 마사키 역, 어치브먼트출판, 2016년. (원서 『Take Charge of Your Life: How to Get What You Need with Choice-Theory Psychology』, 2011년 출간)
- 『드라이브』, 다니엘 핑크 저, 김주환 역, 청림출판, 2011년. (원서 『Drive: The Surprising Truth About What Motivates Us』, 2009년 출간)
- 『피터 드러커 매니지먼트』, 피터 F. 드러커 저, 남상진 역, 청림출판, 2007년. (원서 『マネジメント―基本と原則』 2001년 출간)
- 『맹자』, 맹자 저, 김원중 역, 휴머니스트, 2021년.
- 『経営者の役割(경영자의 역할)』, 체스터 I. 바나드 저, 야마모토 야스지로 역, 다이아몬드사, 1968년. (원서 『The Functions of the Executive』, 1938년 출간)
- 『デミング博士の新経営システム論(데밍 박사의 신경영시스템론)』, W. 에드워즈 데밍 저, 엔티티출판, 1996년. (원서 『The New Economics』, 1993년 출간)
- 『마쓰시타 고노스케 길을 열다』, 마쓰시타 고노스케 저, 남상진·김상규 역, 청림출판. 2009년. (원서 『道をひらく』, 1968년 출간)

저자 소개

하시모토 다쿠야(橋本拓也)

일본 어치브먼트(アチーブメント) 주식회사의 이사 겸 영업본부장이자 트레이너로 재직 중이다.

치바대학교를 졸업한 후, 2006년 어치브먼트 주식회사에 입사했다. 입사 1년 만에 신규 사업 책임자로 발탁되어 가정교사 파견 사업을 시작했으나, 5년 차에 사업이 폐쇄되는 어려움을 겪었다. 2008년부터는 팀 매니지먼트 업무를 맡았으나, 팀원의 이동 및 퇴사가 잦아 7년간 매니지먼트에서 별다른 성과를 내지 못하는 시기(일명, 매니지먼트 '무면허' 기간)를 보내기도 했다.

이후 세계 60개국 이상에서 학습하는 선택 이론 심리학을 기반으로 매니지먼트 방식을 전환하며 매니지먼트를 혁신적으로 변화시켰다. 그 결과 팀원과 조직의 비약적인 성장을 이끌어냈으며, 이러한 공로를 인정받아 2021년 대졸 입사자 최초로 집행임원에 선임되었다. 그리고 마침내 2022년에는 이사로 취임하게 되었다.

현재는 130명 이상의 팀원을 관리하고 있으며, 2023년에 개설된 매니지먼트 강좌는 연간 누적 수강생이 1,000명을 넘는다. 또한, 경영자, 관리자, 비즈니스 종사자 등을 대상으로 한 연간 1만 8,000명 이상이 수강하는 세미나 '정점으로의 길' 시리즈의 대표 강사를 맡고 있다. 지금까지 그가 진행한 연수 프로그램의 누적 수강생은 2만 명에 이른다.

찾아보기

ABC

BtoF	159
choice theory	16
feedback	111
I 메시지	60
lead management	12
M&M	160
management	34
motivation	42
negative feedback	113
open question	93
Pareto principle	151
positive feedback	112
quality world	40
Span of Control	122
VUCA	86

가나다

개방형 질문	93
개성	68
개인 성장 지원 기술	86
겉말	63
공감화	183
관리 범위	122
긍정 피드백	112
기대	100
달성형 조직	87
동기	38
동기 3.0	42
동행 지도	97
리드 매니지먼트	16
마케팅	159
매니지먼트	34
매니지먼트 무면허 운전	32
모델링	192
모티베이트	160
목적	90
목표	90
미달성형 조직	87
방임	149
보스 매니지먼트	37
부정 피드백	112
뷰카	86
비언어 의사소통	63
상사-부하 면담	190
선택 이론	16
속말	63
수조 이론	123
수질	123
수질 관리	123
어치브먼트 라인	171
어치브먼트 존	170
언어화	183
역할 연기	110
외부통제 심리학	37
우선순위 관리	151
위임	149
자기 평가	107
조례	197
조직 성립의 3조건	132
조직문화	125
좋은 세계	54
챌린지 존	171
체계화	180
최적 목표 경사	171
커리어 존	171
컴포트 존	173
트레이닝	159
팀원 차트	72
파레토 법칙	151
패닉 존	172
프라임타임	163
피드백	111
항상성	139
현장 동행 지도	97

BUKA WO MOTTARA ICHIBAN SAISHO NI YOMUHON HITO TO SOSHIKI NO
PERFORMANCE WO SAIDAIGEN NI HIKIDASU SHIGOTOJUTSU

©TAKUYA HASHIMOTO 2024
Originally published in Japan in 2024 by Achievement Publishing Co.,Ltd. TOKYO,
Korean translation rights arranged with Achievement Publishing Co.,Ltd. TOKYO,
through TOHAN CORPORATION, TOKYO, and Danny Hong Agency, SEOUL.

이 책의 한국어판 저작권은 대니홍 에이전시를 통한
저작권사와의 독점 계약으로 ㈜프리렉에 있습니다.
저작권법에 의해 한국 내에서 보호를 받는 저작물이므로
무단전재와 복제를 금합니다.